O Ciclo do Sucesso

João Festozo

O Ciclo do Sucesso

Planeta

ACADEMIA DE Inteligência

Coordenação Editorial: Tércio Vitor
Capa: Ricardo Schwab
Ilustração de capa: Guilherme Galhardo
Preparação: Alessandra Biral
Revisão: Plínio Coelho
Diagramação: Renata Milan

Dados Internacionais de Catalogação na Publicação (CIP)
(Câmara Brasileira do Livro, SP, Brasil)

Festozo, João
O ciclo do sucesso / João Festozo. – São Paulo: Editora Planeta do Brasil, 2007.

ISBN 978-85-7665-266-3

1. Meta 2. Motivação (Psicologia) 3. Sucesso 4. Sucesso em negócios 5. Sucesso profissional 6. Vendas I. Título.

07-1790 CDD-650.1

Índices para catálogo sistemático:
1. Sucesso profissional e pessoal : Administração 650.1

2007

vendas@editoraplaneta.com.br

Sumário

Agradecimentos

Nos últimos oito anos, muitas pessoas me incentivaram e apoiaram na realização deste livro. Algumas foram além, pois me impulsionaram e literalmente empurraram para que pudesse ser finalizado.

Muito obrigado às pessoas que leram os rascunhos e acreditaram que seria legal escrever.

Aos meus filhos, Bruno, Marina e Felipe, que nunca desistiram de me cutucar e dizer que eu podia chegar ao fim.

Ao meu netinho Leandro e à sua mãe, Victoria, que o trouxe a este mundo. Mesmo sem saber, ele foi meu grande combustível nos últimos três anos.

Aos meus pais, que sempre perguntavam se já havia acabado de escrever.

À minha grande incentivadora, colaboradora e persistente assistente, que nunca se cansou de me dizer para ir em frente, principalmente naqueles momentos mais obscuros de minha fé, neste projeto. Ela é minha eterna companheira, meu amor, minha esposa, Gláucia.

A Deus, que me iluminou e me deu todos esses dias (mais de 32 mil), para que eu pudesse escrever este livro.

Prefácio

João Festozo é um excelente profissional de recursos humanos. Acima de tudo é um poeta da vida. E como tal é apaixonado pelo que faz, por isso faz bem, e também é apaixonado pela vida, por isso vive bem. Ele é meu amigo há mais de quinze anos. Perspicácia, argúcia, sensibilidade e criatividade fazem parte do leque da sua personalidade.

Embora seja engenheiro de formação, há muitos anos saiu da esfera do universo lógico e tangível dos números e partiu para estudar o mundo ilógico e intangível da emoção e do intelecto humanos. Há milhões de livros nas bibliotecas que discorrem sobre o ser humano, entretanto, apesar de tantas informações, sabemos muito pouco sobre o complexo teatro de nossa mente. Todavia, os que procuram desvendar seus mistérios, ainda que se percam em um emaranhado de dúvidas, encontram alguns tesouros. Nosso autor encontrou alguns deles.

A conseqüência foi um belíssimo aprendizado que o conduziu a formar pessoas, capacitá-las, motivá-las, tanto no Brasil como no exterior. E o resultado dessa larga experiência está neste agradável e inteligente livro.

Esta obra não fala do ciclo do sucesso como um processo mágico. Não discorre sobre idéias e informações superficiais, incapazes de resistir ao calor das dificuldades. Também não aborda o sucesso pelo sucesso, mas comenta sobre o sucesso legítimo e fundamental, aquele que promove a qualidade de vida, enriquece as relações sociais e promove as funções mais importantes da inteligência.

Numa linguagem simples e instigante, o autor nos conta inúmeras histórias que nos estimulam a fazer uma caminhada interior e enxergar que é possível desenvolver criatividade no caos, esperança na dor, sabedoria nas crises e principalmente escrever os capítulos mais importantes de nossas histórias nos momentos mais dramáticos da existência.

Tenho o prazer de dizer que sua obra é uma aposta no potencial intelectual de cada ser humano, uma aposta contundente na vida, demonstrando que ela é um espetáculo único, indecifrável, irrepetível. A existência é um show imperdível e felizes os que a contemplam, mesmo quando o cenário desaba sobre eles.

Augusto Cury

Introdução

Tudo na vida tem um começo. Assim, quero iniciar com o comentário de que, daqui em diante, o que vou escrever não são coisas fáceis de serem executadas, porém possíveis. E, se aplicadas na prática, levam ao resultado desejado.

O ponto de partida é o momento em que acordamos pela manhã. Ao longo desses anos falando de vendas e de como ter sucesso pessoal e profissional, um detalhe foi ficando cada vez mais claro: para podermos *ter* algo, precisamos *ser*. Assim, estamos prontos para *fazer* e, então, poderemos *ter*. O *ser* está relacionado com a postura e a atitude que adotamos a cada dia de nossas vidas.

Ao acordarmos pela manhã, dá-se início um processo que pode levar a um dia bem-sucedido ou a mais um que se soma aos milhares de outros vividos. Como começar o dia?

Obviamente, você deve ter respondido mentalmente: "De modo positivo". Porém, quantas vezes não iniciamos o dia e nos esquecemos desse detalhe tão importante? Quantas vezes não começamos influenciados pelo ontem, que não foi como desejávamos? O ontem nos afetou tanto, que o hoje pode estar totalmente comprometido. O grande segredo é começar cada manhã olhando no espelho e dizendo: "Bom-dia, mundo!".

Que tal fazer como o nosso amigo, que costumava abrir a janela e dizer: "Bom-dia, mundo!" em alto e bom som? Isso ele havia aprendido em um daqueles treinamentos de sua empresa realizado no Rio de Janeiro, em um maravilhoso hotel cinco estrelas, de frente para o mar.

Em um dos muitos treinamentos de que participou, um palestrante falou da importância de, logo pela manhã, abrir a janela e dizer: "Bom-dia, mundo!", e foi o que ele fez na manhã seguinte. Tomou uma bela ducha, foi à janela do apartamento no segundo andar, abriu a porta de correr que dava para uma sacada, viu o sol que surgia de dentro do mar, aquele céu retinto de azul, e lembrou-se do que aquele senhor tinha dito na tarde do dia anterior. Encheu os pulmões e gritou com todo entusiasmo: "Bom-dia, mundo!". Notou que as pessoas já estavam se preparando para o segundo dia de trabalhos e todas olharam em sua direção. Ele não entendeu o espanto no rosto delas, pois todas haviam participado da palestra do dia anterior. Não se deu por vencido e pensou: "Se não entenderam, vou repetir". Então gritou mais alto: "Bom-dia, mundo!".

A cada grito, mais pessoas aglomeravam-se olhando para ele. Ele não entendia qual era a razão do espanto, e pensava: "Será que essas pessoas não estavam presentes àquela aula tão importante? Será que não compreenderam a importância de começar o dia positivamente?". Irritado, subiu no parapeito da sacada e abriu os braços; então, com todo seu fôlego, bradou: "Bommmm-diaaaaa, mundoooooo!!!".

Mais pessoas aglomeraram-se, quando, então, percebeu a razão do assombro geral; não era devido ao grito, mas porque havia se esquecido de vestir as roupas. Ele estava simplesmente nu...

Portanto, grite como quiser. Pode até estar à beira da janela, mesmo sujeito a passar por louco, principalmente se sua janela for de frente para uma rua. Mas, ao gritar e chamar a atenção das pessoas, faça o favor de vestir suas roupas!

Verdadeiro ou não, o certo mesmo é que, ao dirigir-se ao banheiro, você deve fazer o seguinte: olhe no espelho para aquele rosto amarrotado que está refletido e experimente cumprimentar aquela pessoa com um sorriso. Desse modo, faça seu primeiro contato matinal, dizendo: "Bom-dia, mundo!". Nesse momento, eu duvido que você não dê uma pequena risada; saiba que, depois, tudo flui mais rápido. Na primeira vez não vai ser fácil, mas, se não conseguir cumprimentar a si mesmo, será que vai fazê-lo de maneira positiva com outra pessoa?

Não estou afirmando que isso seja fácil, porém, faz uma diferença incrível no resto do seu dia. Tudo o que virá depois dessa atitude aparentemente estúpida, será novo, mais leve. Um fato é certo: nesse dia, será mais fácil sorrir. Porém, como eu, você vai certamente se encontrar naqueles dias em que considerará ridículo fazer isso. Saiba que, nas ocasiões em que não agimos assim, as coisas parecem ficar mais difíceis.

Dependendo da maneira como encaramos os fatos do dia-a-dia, dá-se toda a diferença. É você quem vai definir se quer ter um dia positivo ou negativo. Não estou afirmando que, se começar dizendo que o dia será positivo, isto ocorrerá. Não acredito em mágicas. Claro que pode haver momentos negativos ao longo do dia, porém, se iniciar com uma atitude positiva, no momento das dificuldades, haverá uma melhor estrutura mental para encará-las.

As pessoas que iniciam seu dia com uma atitude positiva têm mais chances de chegar ao final do dia e usar os fatos e dados importantes para o novo dia que está por vir. Enquanto aquele que começou e terminou negativo, só pode levar o negativo para o novo dia.

Existem sempre duas maneiras de encarar uma situação: de modo positivo ou negativo. Até pela lógica, devemos ser positivos. O positivo atrai o positivo e, com toda a certeza, você não vive isolado; existem pessoas à sua volta e, na maior parte das vezes, elas estão propensas a ficar ao lado dos positivos.

A opção pela motivação, pelo positivo, é sua, e mais ninguém pode fazê-la a não ser você mesmo. Escolher o próprio caminho é algo pessoal, que tem levado muitas pessoas ao sucesso ou ao fracasso. Já experimentei os dois caminhos; é claro que o do fracasso não foi uma opção consciente. Fazia tudo ao contrário e, no final, reclamava que as coisas não andavam bem.

Um dia, li que, se quisesse que as coisas melhorassem, teria de mudar primeiro a mim e minha maneira de pensar. Então, mudei, e tudo também mudou.

Sabemos que os dias, os meses, os anos, enfim, a vida, não é fácil. Por isso, devemos estar preparados: precisamos ser duros com ela, estando atentos a nós mesmos e à nossa maneira de pensar. Descobri que a primeira atitude a tomar é como iniciar o dia. Começar de maneira positiva, dizendo "Bom-dia, mundo!" para mim primeiro.

No entanto, somente isso não basta; é preciso ter consciência de outro detalhe muito importante: mesmo fortemente preparados para os fatos diários, todos estamos sujeitos às dificuldades, problemas e pequenos fracassos.

Devemos implantar o método do "Bom-dia, mundo!", o processo dos compartimentos estanques: cada dia deve ser separado do outro como se fossem quartos divididos por portas que se fecham, e das quais se perdem a chave. Sabemos que o ontem é um quarto pelo qual já passamos. Dele devemos levar as experiências, isto é, dados e informações que não devem estar temperados apenas por sentimentos e lembranças, pois essas afetam muito fortemente o hoje.

Como fazer? Esquecer? Claro que isso não é possível. A melhor maneira é, ao final do dia, fazer uma retrospectiva e um resumo dos fatos. Existirão sempre três tipos: os resolvidos, não-resolvidos e aqueles em processo de solução. Leve para o seu sono um sumário e, para o dia seguinte, um plano de ação positivo. As mágoas, os ressentimentos e fatos negativos devem ser removidos, para que não se acumulem. Deles precisamos tirar o positivo, que servirá de combustível para movimentar o agora. Ao final do dia, devemos, após a análise, jogar a chave fora em um rio bem profundo e caudaloso, para não mais a acharmos, sob pena de visitar constantemente aquele quarto sombrio e com cheiro de mofo, que de nada nos ajuda a caminhar para frente.

O amanhã é um quarto do qual ainda não recebemos a chave, pois essa nos será dada apenas na hora em que abrimos os olhos. Para o amanhã, devemos estar prontos trabalhando o agora, o hoje, da maneira mais plena possível, já que não nos é dado o poder de prever o futuro. A melhor maneira de ter um amanhã positivo e produtivo é dando o melhor de nós mesmos hoje.

No Novo Testamento, quando Jesus ensina a oração do Pai-Nosso, em apenas uma frase define, simples e claramente, como devemos sabiamente encarar nossa estada diária por aqui. “O pão nosso de cada dia nos dai hoje”. Nosso foco deve ser o pão de hoje e mais ainda: “nos dai hoje, não ontem e muito menos amanhã”. É preciso que estejamos sempre atentos para fazer o melhor e mais pelo hoje, pois ele se basta e nos prepara para um amanhã completo.

Algum tempo atrás, li um texto que me marcou profundamente, e que deveria ser usado como regra para viver melhor. Nele, estava escrito que, logo após acordamos e fazermos nossa higiene, a primeira coisa que deveríamos fazer era ler o obituário, para que não nos esquecêssemos daqueles que nos deixaram ontem, pois, assim, daríamos valor ao fato de estarmos vivos.

Lembra-se daquele momento em frente do espelho, pela manhã, de que falei há pouco? Vamos voltar alguns parágrafos: preste atenção àquela pessoa que está ali e perceba algo que normalmente passa despercebido: você pode vê-la, ouvir sua voz, dizendo: "Bom-dia, mundo!". Você pode estar diante do espelho, sentir o cheiro da pasta de dentes. Perceba que você está vivo e saudável. Agora eu lhe pergunto: e aqueles que não podem mais?

Por isso, agradeça o fato de estar vivo e poder começar sua jornada como um vencedor por antecipação. Desfrute esse dia como se fosse o seu último, dê um show em seu trabalho, seja o melhor, o mais competente, o mais motivado; afinal, essa pode ser sua última oportunidade. Embora pareça negativa, essa idéia significa motivação. Viva cada momento desse dia prestando atenção aos detalhes e fazendo tudo da melhor maneira. Esteja atento a tudo que está à sua disposição por meio de seus sentidos, sabendo que esse será o seu melhor dia, o mais pleno neste mundo; por isso, comece dizendo logo ao raiar do sol: "Bom-dia, mundo!". Ao final, lembre-se desta mensagem:

> Existem dois dias... em qualquer semana, com os quais não devemos nos preocupar.

Dois dias em que devemos estar livres do medo e da apreensão. Um deles é o ontem, com seus erros e cuidados, pecados e tropeços, obstáculos e dores. Ontem passou para sempre. Está fora de nosso controle. Todo o dinheiro do mundo não trará de volta o dia de ontem.

Não podemos desfazer certos atos ou retirar uma palavra que dissemos, o ontem já se foi.

O outro dia com que não devemos nos preocupar é amanhã, com seus adversários improváveis, responsabilidades, promessas esperançosas e possíveis realizações. Amanhã o sol nascerá em esplendor ou por trás da máscara de nuvens, mas nascerá. E, até que ele faça isto, não ancoraremos no amanhã, porque ele é ainda desconhecido. Isto nos deixa apenas um dia: hoje. Qualquer pessoa pode lutar numa batalha, apenas por um dia. E, só quando aumentamos as responsabilidades de ontem e de amanhã, é que caímos. A tristeza não vem da experiência de hoje, mas do remorso e da amargura por algo que aconteceu ontem e pelo receio do que o amanhã possa trazer.

Autor desconhecido

P.S.: Como diz Gilberto Gil: "O melhor lugar do mundo é aqui e agora".

Mãos à obra

Alguns anos atrás, eu vivia meus dias trabalhando como engenheiro de uma grande indústria multinacional, na área técnica. Isto foi o que sonhei e desejei em toda a minha juventude. Fazia o que gostava, porém, queria algo mais do que esperar alguém se aposentar para que eu ocupasse seu lugar. A convite de um amigo, ingressei na área de vendas, a qual, algum tempo depois, abracei e me apaixonei. Nessa nova empresa, participei de muitos treinamentos que me marcaram profundamente, e me envolvi definitivamente com vendas O que mais me atraía ali não eram as vendas, até porque nunca fora vendedor. O que me encantou foi poder trabalhar com pessoas, aprender sobre os segredos dos relacionamentos e conhecer um pouco do ser humano. Percebi que seria uma vida de constante aprendizado e desafios.

Foi em um treinamento, ouvindo um senhor que falava um misto de português e espanhol, que eu conheci algo parecido com esse ciclo. Por algum tempo, não dei muita importância a ele na minha vida. Foram necessários muitos anos, tombos, feridas, para colocá-lo em prática e obter dele o que ele propunha: uma vida cheia de luz e conquistas.

A razão do livro

Um dos meus maiores prazeres é comprar um livro e aprender algo novo ou encontrar uma nova idéia. Tenho preferência pelos conteúdos que abordem crescimento pessoal e ensinem como melhorar como pessoa e profissionalmente. Portanto, para mim, ler é uma das melhores diversões. A maioria das obras que adquiro nunca define claramente o objetivo que pretende. Muito bem, o objetivo deste livro é provocar o leitor para que busque suas metas pessoais, e mostrar o caminho para atingir seus objetivos.

Nos últimos anos, tenho feito palestras sobre o tema metas. Isso tem trazido ótimos resultados para as pessoas, mudado vidas e promovido dias melhores para muitos.

Assim, este livro pretende acelerar o processo de fazer este tema chegar a muitas pessoas, e que elas possam se beneficiar com esta idéia simples, porém eficaz.

O SUCESSO

Como vamos abordá-lo muitas vezes, vamos procurar definir esse tema.

São muitas as definições para um ser humano bem-sucedido. No dicionário, a palavra sucesso está definida assim: [Do latim *successu.*] *1. Aquilo que sucede; acontecimento, sucedimento. 2. Resultado, conclusão. 3. Bom êxito; resultado feliz.*

Em minha opinião, bem-sucedido é aquele que atinge seus desejos, consegue obter da vida o que sempre almejou. Sucesso é confundido com riqueza material e dinheiro, porém, sabemos que existem coisas que o dinheiro não pode comprar.

Como escreve Zig Ziglar em seu livro *Além do topo*:

> O dinheiro pode comprar uma casa, mas não um lar; uma cama, mas não uma boa noite de sono; prazer, mas não felicidade; um parceiro, mas não um amor. O dinheiro e as coisas que pode proporcionar são muito boas, porém queremos também as que ele não consegue. O dinheiro é bom, tanto que tem até a capacidade de aprimorar o caráter de uma pessoa. Se for boa, com dinheiro ela fica melhor; se for ruim, vai ficar pior. Como dizia alguém, o

dinheiro é bom sim, senhor: é quente, macio, pode nos dar uma boa casa, bom carro, viagens, lazer, enfim, tantas coisas; porém, queremos mais, queremos amigos, paz, tranqüilidade, respeito, saúde. Isto ele não pode comprar.

O sucesso é poder ter coisas que o dinheiro compra e as que ele não compra. Mas o sucesso ou êxito exige que sejamos seres humanos cada vez melhores. Precisamos nos preparar para ele, necessitamos crescer pessoalmente para poder usufruí-lo. Para ser bem-sucedidos, devemos conhecer esta regra básica: antes de mais nada, é preciso *ser* antes de *ter*.

O ciclo do sucesso

Desde que me conheço por gente, tenho perguntado a mim mesmo (talvez tanto você como eu, e tantas pessoas desde que o mundo é mundo, nos questionamos): "por que algumas pessoas conseguem tanto da vida e outras tão pouco? Por que algumas pessoas têm o dom de transformar qualquer coisa que tocam em ouro, enquanto outras somente convertem em pó? Por que é assim? Será que existe uma regra, um padrão?".

Estudiosos têm buscado a resposta para essas e outras perguntas. Esses questionamentos podem ser respondidos pelos que têm sucesso, obviamente. Diversos livros têm abordado esse assunto, alguns dos quais universalmente conhecidos, como a *Bíblia*, o *Livro de Buda*, o *Corão*. As publicações sagradas falam do sucesso. Diversos autores escreveram milhares de livros focalizando o assunto.

Existe sim um padrão, uma regra, para obter-se tudo o que queremos da vida. É isso que mostra o ciclo do sucesso, ele é um resumo desse padrão.

Este ciclo funciona como se dão as leis da natureza. Aliás, ele foi concebido com base em leis universais e imutáveis, como a Lei da Gravidade. Mesmo que não se concorde com ela nem a aceite, essa lei continua a funcionar de maneira implacável, queiramos ou não. É fácil constatar sua força; para isso, basta subir em um local alto e, de lá, deixar cair uma laranja. Dependendo da altura, essa fruta vai se espatifar ao solo. Para atestar sua veracidade, seria interessante saltar de lá. O resultado é sempre este: vamos cair, machucar-nos muito e até morrer, sob a ação da força gravitacional, descrita por físicos com complexas fórmulas matemáticas. Não adianta querer revogá-la, ela é uma das leis naturais. Nosso ciclo é regido por outras leis naturais, como a Lei da Semeadura e da Colheita, Lei da Atração. Enfim, assim como elas, o ciclo vai funcionar para você, independentemente de sua vontade.

Este ciclo tem oito etapas, que estão relacionadas nos capítulos seguintes.

O Ciclo do Sucesso

Capítulo I

Metas: subindo a sua montanha

Nossa jornada pelo ciclo inicia-se aqui. Vamos imaginar uma montanha, cujo cume não pode ser claramente avistado do sopé, onde estamos agora. Você vai estabelecer objetivos. No início do processo, são poucas metas, tímidas, porém, logo surgirão muitas. Ao estabelecê-las, você as colocará nos topos de várias montanhas. Quanto maior a meta, mais alta será a montanha onde ela estará. A jornada será subir e atingir as metas, uma a uma, pois cada uma, uma por vez, estará lá em cima, no topo de cada montanha. O primeiro estágio de nosso ciclo do sucesso diz que, para continuarmos vivos e de bem com a vida, necessitamos sonhar. O homem que deixa de sonhar morreu e não percebeu. Muitas pessoas sonham em ser e ter; no entanto, existem algumas regras que a vida e as pessoas bem-sucedidas nos ensinam e que queremos relembrar. Apenas sonhar não nos leva a lugar algum. Necessitamos de algo mais consistente, precisamos de metas.

Em um dos meus treinamentos, alguém levantou a mão e disse: "sonho e meta são a mesma coisa". Será mesmo?

Aqui, encontramos um pequeno problema de semântica, ou seja, palavras com significados parecidos, porém, com sentidos totalmente diferentes, não apenas na palavra, mas no lugar mais importante, na mente das pessoas. Ao pesquisarmos o dicionário, veremos realmente as diferenças.

Vejamos o *Dicionário Michaelis:*

Metas: me.ta (s.f.) 1. Alvo, mira. 2. Objetivo visado por alguém. 3. Baliza, barreira, limite. 4. Futebol. Arco, cidadela, gol. 5. Arena. 6. Esp. Poste ou sinal que indica ponto de chegada em algumas competições esportivas.

Sonho: so.nho (s.m.) 1. Seqüência de imagens e de fenômenos psíquicos que ocorrem durante o sono. 2. Coisa ou pessoa vista ou imaginada durante o sono. 3. Devaneio, fantasia, ilusão, utopia. 4. Coisa ou pessoa muito bonita. 5. Cul.: doce muito fofo, feito com farinha, leite e ovos, frito em gordura e polvilhado com açúcar e canela, ou passado em calda rala.

Vamos agora introduzir a diferença para que, nas próximas vezes que a mencionarmos, possamos diferenciá-las.

Tudo começa com o sonho. Nada neste mundo existiria sem que alguém tivesse sonhado. Tudo começa no pensamento. Primeiro sonhamos, depois surgem as metas. A diferença entre sonho e meta, para nossa diferenciação, é que a meta tem data final ou prazo para ser atingida e também um valor. Ambos, data e valor, claramente definidos. Por quê? A resposta está no processo mental. A mente comanda nossas ações. Quando não somos específicos ou quando faltam detalhes, nossa mente falha e logo esquecemos.

Poderíamos aqui nos aprofundar no tema da mente, mencionar algum tópico de neurolingüística, mas não é esse o nosso objetivo. Todavia, existem inúmeros estudos que comprovam o fato de que, para o subconsciente trabalhar a nosso favor, é necessário, antes de mais nada, sermos detalhistas com o que impregnamos em nossa mente. Se não detalhamos, no momento em que surge uma dificuldade, por defesa, nossa mente apaga o aparente excesso e mantém apenas o necessário para a sobrevivência.

Vamos para a observação do nosso ambiente: o que faz uma pessoa deixar de ter metas? São inúmeras as razões que fazem com que isso ocorra: viver um momento extremamente negativo; sofrer uma perda importante; tentar algo e não conseguir, o que lhes mina a autoconfiança e a auto-estima; ou se julgar velha demais para sonhar.

Enfim, existem muitas razões que fazem as pessoas desistirem de desejar mais da vida. O exemplo mais comum é quando alguém se aposenta e deixa de trabalhar. Entretanto, por que esse fato, anteriormente positivo, torna-se extremamente negativo? A pessoa deixa a atividade que a ocupava mentalmente e, por esse motivo, inicia-se um processo de inserção mental de novos dados que, infelizmente para a maioria, são negativos. Informações, notícias passam a ocupar um espaço antes destinado a assuntos profissionais, ou seja, de coisas por que lutar. Será coincidência que a maioria das pessoas que param de trabalhar fica doente, deprimida? Não sou um especialista da área da mente, porém, a vivência desses anos tem mostrado que não há coincidência. Mente ocupada é mente ativa, sadia. Mas ocupada com o quê? Com as metas, pois sem elas nos sentimos sem direção.

De acordo com um provérbio chinês, *Um homem sem metas é como um barco sem leme*. Sem metas, ficamos ao gosto do vento, à deriva; o vento nos leva para onde ele deseja; como sempre, existem os rochedos, é para lá que somos conduzidos. A maré e o vento nos fazem colidir com os rochedos e afundar.

Existe uma magia que envolve o tema das metas. Quando uma pessoa tem objetivos grandes e desafiantes, tudo parece concorrer para que ela os atinja. Existe outro provérbio chinês, que, com sua sabedoria milenar, diz: *Quando um homem tem metas, o Universo conspira a seu favor.*

As pessoas bem-sucedidas obtêm sucesso porque sabem para onde querem ir. Você deve decidir o que quer ser e tornar-se. Quem realiza seus sonhos é você mesmo. Porém, algo me parece importante mencionar: por que estamos aqui? Qual é a razão de termos sido enviados para este local? Qual é a nossa missão?

Quando respondemos a essa questão, toda a visão de nossa vida muda, portanto, muda também a visão que temos de nossas metas.

Então, antes de explicarmos como definir as metas, vamos tentar responder à questão.

Qual é a nossa missão neste planeta?

Será que vamos conseguir responder a esta pergunta assim tão rapidamente? Com toda a certeza, a maioria das pessoas não tem muito tempo para pensar nisso. O corre-corre cotidiano a faz ser levada por uma onda, a desconsiderar este fato tão fundamental de nossa existência: Qual será a razão para levantarmos amanhã cedo? Será que é para pagar as contas? Ou buscar maior destaque profissional?

Uma vez respondida essa pergunta (ou, pelo menos, conscientes de que devemos tentar respondê-la), a maneira de encarar o cotidiano muda. A partir daí, as metas começam a se formar em nossa mente.

Em um treinamento sobre esse mesmo tema, uma pessoa me disse: “Sabe, João, depois de conquistar tanto, eu penso que já cumpri minha missão. Sendo assim, não consigo pensar em nenhuma meta à frente". Quando atingem certa idade, muitas pessoas conseguem alcançar muitos objetivos, por isso param de estabelecer metas, ou, pelo menos, deixam de pensar nisso. Foi o que eu disse a ela naquele dia. Porém, disse também: "Eu já passei por isso e comecei a me sentir vazio. Mas, ao pensar na minha missão de vida, a razão por que eu penso estar aqui neste planeta, muitas metas voltaram a preencher o meu pensamento. Passei a me sentir mais completo e com vontade de me levantar de manhã".

Ao final da palestra, aquela mesma pessoa veio me dizer que aquele diálogo tinha sido muito gratificante, pois, antes, estava se sentindo vazia e triste, e, agora, sabia qual era a razão: estava sem motivo para continuar a viver, estava sem metas.

Em relação ao meio empresarial, percebemos que as empresas, para crescer, estabelecem seus planejamentos estratégicos. Contratam especialistas nessa área, pagam fortunas para obter seus planos de metas. Os acionistas e diretores sabem que o sucesso delas depende deste planejamento estratégico. Aqui, quero fazer uma pergunta: "Qual é a diferença entre uma empresa e você? Será que não está apenas na quantidade de pessoas?". Na verdade, uma empresa é um conjunto de pessoas. Sendo assim, se, para ter sucesso, uma empresa deve ter metas, nós também devemos tê-las, garantindo, deste modo, a chance de obter êxito.

Os tipos de metas

As metas podem ser de dois tipos: *materiais* (aquelas que o dinheiro pode comprar, ou seja, um carro, uma casa, uma viagem, uma quantia de dinheiro em uma conta bancária) ou de *crescimento pessoal* (aquelas cujo valor não pode ser mensurado pelo dinheiro, mas sim por esforço e pela capacidade de mudança). Dentre essas metas, estão: como falar em público; ser mais humilde; aprender a ouvir mais; buscar uma posição hierárquica mais alta na empresa; ser um pai ou mãe, marido ou esposa, filho(a) melhor; ser mais atencioso. Esse tipo de meta possibilita atingir os objetivos *materiais*.

Devemos ter metas em todas as áreas de nossa vida, para estar balanceados: na área física, cuidando da saúde, social e emocional, mental, espiritual, de relacionamento como pai ou mãe, filho(a), esposo(a) e profissional.

Ter metas em todas as áreas e papéis significa ter satisfação pessoal. Querer crescer profissionalmente é o grande objetivo do homem moderno, no entanto, esta meta não pode, em hipótese alguma, ser a única razão de viver. Devemos ter objetivos em outras áreas. Muitas pessoas, em busca de metas na área profissional, acabam deixando de lado as outras, o que pode ser danoso para a vida pessoal.

A história a seguir é real, e mostra a importância do que estamos propondo:

> Um grande empresário estabeleceu, a si mesmo, uma meta desafiante de obter, até o final do ano, o montante de R$ 1.000.000,00. Lutou e trabalhou arduamente e, ao final daquele ano, ele atingira o objetivo, reunira mais do que o valor que havia colocado como meta em sua conta bancária. Por outro lado, tinha se divorciado, e o filho mais velho não conversava mais com ele, por falta de atenção, além de estar envolvido com as drogas. A filha do meio, após um namoro complicado, engravidou. O caçula deixou a escola e não queria mais estudar.

Ele conseguiu sua meta... mas perdeu seu grande tesouro, a família.

Esse relato mostra a importância de termos metas em todos os campos de atuação de nossa vida, em todos os papéis.

No depoimento, o empresário afirma que aquele dinheiro para ele agora não tinha mais significado. O preço foi muito alto, por não ter pensado nos outros papéis em sua vida. O preço do retorno não podia ser calculado em dinheiro, ou seja, sua grande meta não traria de volta sua felicidade.

Seja específico

O outro segredo para atingir metas é escrevê-las em uma folha de papel (cujo modelo apresentaremos mais adiante), para que possa mantê-la junto de você, todos os dias, ou em sua agenda diária ou, como fazia um amigo meu, no bolso com o dinheiro, na tela do computador ou em algum lugar onde possa vê-la todos os dias. Quando escrevemos, usamos um processo mental que faz com que a informação seja assimilada pelo cérebro pelo menos três vezes: a primeira é a criação da idéia, a segunda é a organização da idéia preparando para a escrita, a terceira é a escrita em si.

Servimo-nos do processo mágico da repetição, que auxilia a fixar e reter melhor a informação. Com as metas escritas, nós nos protegemos da síndrome do problema, ou seja, diante de uma situação crítica, normalmente nos esquecemos de nossos sonhos e metas e nos envolvemos com a solução do problema. Ocorre que resolvemos o problema e nos esquecemos das metas. Para evitar cair nessa armadilha, recomenda-se, diante de um problema, ler a folha de metas, não só para relembrar, mas para encher-nos de energia, facilitando a solução do problema.

Seja específico ao estabelecer suas metas, ou seja, procure escrever detalhes como se estivesse pintando um quadro mental com o máximo de cores possível. Se sua meta é dinheiro, ora, você o tem agora no bolso ou na sua carteira, diga a quantia (5, 10, 20...) seja específico e detalhista, escreva a quantia que deseja: quero R$ 40.000,00 ou R$ 400.000,00 no banco..., conta número...

Seu cérebro entende quando você fala exatamente o que quer, ele não sabe o que é pouco ou muito, grande ou pequeno etc.; portanto, seja *específico.*

Porém, é sempre recomendável começar pelas metas materiais que surgem em nosso pensamento logo que iniciamos o processo de estabelecimento de metas. Deixe que o dinheiro sirva para comprá-las, se forem do tipo material.

Se sua meta for um automóvel, comece pela marca, modelo, cor, valor. Vá até a concessionária, visualize o carro, sinta o cheiro, veja, ouça, use todos os seus sentidos. Procure dirigir, se possível, e combine preço, condições de pagamento. Leve consigo uma foto ou um folheto, focalizando-o, todos os dias. Isto tudo é um processo técnico, em que colocamos o cérebro trabalhando a nosso favor. Faça isso com todas as suas metas, bem como com as dicas a serem apresentadas neste livro. Você irá atingir todas, uma a uma.

ESCREVA SUAS METAS

Quando afirmamos que a maioria das pessoas não tem metas, alguns reagem dizendo o contrário. Então, costumo perguntar se as têm escritas e quase todos dizem com toda a confiança: "Está tudo aqui, na minha mente". Esse é um grande erro, pois o cérebro está sujeito ao esquecimento. Esquecer faz parte do sistema de proteção cerebral. Imagine se tudo o que vemos, ouvimos e sentimos ficasse gravado no nosso consciente. Ao final do dia, estaríamos loucos... Assim, esquecemos e mantemos o mais importante, o restante vai para o subconsciente. Nós nos esquecemos das metas que estão em nossa mente, como disse o nosso amigo, principalmente diante de situações problemáticas. Nosso computador interno coloca-se em estado de prontidão, com todas as suas funções na solução do problema que se apresenta naquele momento e, o resto, esquecemos.

Lembre-se do o ditado: "A pior das tintas é melhor do que a maior das memórias, relembra-nos para escrever". Por isso, escreva suas metas e mantenha-as junto de você.

CRIAR O HÁBITO DE TER METAS

Quando iniciamos o trabalho de estabelecê-las, por não estar acostumados, muitas vezes incorremos no erro de "emprestar" as metas de outra pessoa. Esse é um atalho que leva a um beco sem saída. Se a meta não é sua, logo vai ser deixada de lado e esquecida. Por isso, é importante ter uma meta própria. Além disso, é importante que esta seja desafiante, grandiosa, estimulante, porém, sem exageros; que não seja impossível, para que não cause ansiedade e sentimento de derrota, mas que seja grande o suficiente para impulsioná-lo com grande entusiasmo.

Tudo em nossa vida é uma questão de hábito. Para adquiri-lo, é necessário fazer, fazer, fazer... Por isso, pratique diariamente a leitura da sua folha de metas; logo, será um dos melhores e mais estimulantes costumes ler o que deseja da vida, todos os dias.

Tudo isso não será fácil, mas será que existe alguma coisa de valor na vida conseguida sem alguma luta? Saiba que o segredo para atingir metas é impregná-las em sua mente, lendo-as todos os dias. Crie o hábito de ler antes de se deitar, enquanto se dirigir de um local para outro, ou seja, em todos os momentos do seu dia; afinal, são as suas metas, é o seu futuro. Assim, você estará criando a força interna para enfrentar os problemas surgidos em seu dia-a-dia.

Metas ou sorte?

Muitos gostariam de saber o seu futuro. Você quer prever o seu amanhã? Que tal ter um futuro como você sempre sonhou? Sabe como isso é possível? Tenha metas. Esse é o único método seguro de prever seu futuro: planejá-lo como você deseja... Agora!

O outro meio é contar com a ajuda da sorte; sabe o que penso dela? Um pouco mais de fé; um pouco mais de entusiasmo; um pouco mais de determinação; um pouco mais de trabalho; isso se chama sorte!

Certamente você vai encontrar pelo caminho pessoas que vão lhe dizer: “Isso tudo é uma besteira, não funciona”. No entanto, posso afirmar-lhe agora que a pessoa que lhe disse isso certamente não leu as biografias dos homens que escreveram a história da humanidade. Todos, sem exceção, que receberam algo de valor da vida, possuíam metas desafiantes e grandes. Todos tinham um rumo, uma direção para seguir. Nada neste mundo ocorre por obra do acaso, tudo é fruto de planejamento prévio. Alguns pertencentes à turma do "não sei não", "será?", "se eu tivesse", vão dizer: "Não consegui porque meu pai era pobre, não tinha educação, nasci em berço pobre, éramos discriminados". Enfim, tantas desculpas e justificativas para tentar explicar o que não perceberam.

Tudo o que somos hoje é fruto daquilo que programamos pelos menos cinco anos atrás. Por isso, não reclame do estado atual das coisas em sua vida: você é o único responsável por aquilo que é e tem hoje, pois assim o desejou. Vamos lá e programemos agora o futuro: estabeleça agora, e não amanhã, o que você será daqui a cinco anos.

Certa vez, eu estava em uma das capitais brasileiras preparando um grande grupo de vendedores para uma feira de vendas. Já havia estado por ali antes para outros tipos de treinamentos. Ao terminar, como é de praxe, as pessoas sempre me procuram para conversar, tecer comentários sobre o assunto abordado. Uma moça me chamou à parte e me disse que, no encontro anterior, quando eu havia abordado a importância de ter metas, ela ouviu atentamente e colocou em prática, e os resultados tinham sido impressionantes.

Segundo seu testemunho, durante quase 25 anos de vida, as coisas aconteciam, porém, sempre parcialmente. No momento em que ela e seu noivo determinaram-se a ter metas com data final e valor, e seguiram algumas regras que logo vamos descrever, tudo mudou radicalmente: estavam obtendo o que fixavam como meta, uma seguida da outra.

Naquele momento, ela veio me agradecer pelo que havia mostrado, pois tinha mudado sua vida. Este testemunho, para minha satisfação, não foi o primeiro. Já tive a oportunidade de ouvir de dezenas de pessoas a mesma declaração. Quero afirmar aqui que não existe coincidência ou sorte. Aliás, sorte não existe, mas sim fé, determinação, entusiasmo e muito trabalho; isso tudo se chama sorte. Acreditar em sorte é crer que não somos donos de nossa vida, que somos dominados pelo ambiente, que somos impotentes, pois estamos à mercê de algo incontrolável: sorte. Até para ganhar na loteria são necessários alguns ingredientes: fé para acreditar e ir até a lotérica comprar o bilhete, entusiasmo, determinação e o trabalho de ir até o local e ficar na fila. Eu, por exemplo, posso dizer que não tenho sorte no jogo, mas não jogo na loteria. Acreditar que o sucesso é regido pela sorte é desculpar-se por não o ter.

POR QUE ALGUMAS PESSOAS NÃO TÊM METAS?

Normalmente, isso ocorre porque as pessoas não acreditam que possam tê-las. O problema aqui está em não acreditar no próprio poder, além de baixa auto-estima e auto-imagem negativa. Pessoas são educadas para ter limites: você só pode conseguir esse carrinho, ter essa casa pequena, comprar esse tipo simples de roupa, ou seja, desde a infância, somos condicionados a acreditar que não podemos mais do que nos mostraram. São fixados aqui os limites para a nossa vida adulta. Será que existe algum limite para o ser humano? Quem determinou que alguns podem e outros não?

Devemos dar agora um basta, e acreditar que sempre conseguimos tudo o que queremos e desejamos. O poder que nos foi dado é ilimitado; tudo podemos, se assim nos determinarmos.

Na Bíblia, Jesus deixa muito claro, em várias passagens, que tudo o que pedirem em seu nome será dado. Se não acredita em si mesmo, ninguém acreditará. Henry Ford, o grande gênio que fabricou o primeiro veículo em série, o Ford T, afirmou algo verdadeiramente sábio: *Se acreditar que pode, ou se acreditar que não pode, de ambas as maneiras você estará certo*. Leia novamente e reflita um pouco: você pode ou não, quem decide isso são seus pensamentos. O que essa moça do relato das metas fazia era não acreditar nela própria. No momento em que passou a crer em si mesma, estabeleceu metas, e tudo mudou para sempre.

A segunda razão para não ter metas é o medo. *Medo de não atingi-las*. "E se não conseguir? Será que essa meta não é muito grande para mim? Se não conseguir, o que vão falar de mim?". Sempre ele, o medo, o grande limitador das pessoas. Alguns vão dizer diante do medo: "Eu sei o que vou fazer, vou estabelecer uma meta bem pequena e, assim, eu atinjo e pronto, não vou ter problema se não conseguir". Alguns trapaceiam consigo mesmos. Outros não fixam nenhuma meta, assim não tem perigo de não conseguir.

Jesus, em uma das tantas passagens inspiradoras do novo testamento, após ter acalmado a tempestade, perguntou aos seus discípulos: *"Por que vocês estão com tanto medo? Ainda não têm fé?"* (Marcos 4:40).

Se acreditar, você pode! Quem mais, além de você mesmo, pode fazer isto, a não ser você? Acredite: você pode mais do que pensa agora...

Existem outras tantas razões para não se ter metas: algumas pessoas dizem que possuem tudo que gostariam de ter...

Será? Outras afirmam que estão muito velhas para obtê-las, e outras, simplesmente, dizem que tudo isso é conversa fiada, não acreditam. Nesse momento, nada podemos fazer a não ser observar pacientemente, esperando que um dia essas pessoas despertem em tempo para descobrir o grande segredo da vida: elas podem, se assim desejarem.

O processo para construir metas

Como tudo na vida que tem algum valor requer algum trabalho, aqui também não se foge à regra: teremos de nos envolver com o assunto e trabalhar. Tudo começa com o sonho; então, vamos nessa e sonhemos. Lembre-se de que iniciamos aqui um processo de mudança, que vai exigir esforço, pois mudar é uma etapa dolorida. Normalmente, resistimos a tudo que é novo e desconhecido, porém, está provado, por muitas histórias, que aqueles que estabelecem metas são os que as atingem.

Em um estudo feito da Universidade de Harvard (EUA), apenas 3% dos alunos formados tinham metas definidas e detalhadas por escrito. Vinte anos depois, esses 3% fizeram mais sucesso que os outros 97% juntos.

Perguntas que constroem metas

Antes de mais nada, é importante saber que existem basicamente cinco perguntas que deverão ser respondidas.

Se estiver deitado, levante-se e sente-se. Se puder, procure um lugar silencioso. À noite, quando estamos distantes dos ruídos, é certamente um excelente momento para iniciar o importante processo de construção de metas. Pegue uma folha de papel e comece a escrever. Relacione agora, o mais depressa que puder, os cinco desejos que primeiro surgem na sua mente. Em geral, esses são os principais, os que sempre sonhamos em atingir. Atenção: não pense agora se pode ou não pode, apenas viaje nos seus grandes e excitantes sonhos. Depois de ter escrito, coloque um número ao lado de cada um deles, para determinar a ordem de importância. Primeiro, o mais prioritário, e assim por diante.

Agora comece a usar a lógica comedidamente. Cuidado com a pergunta: será que isto é possível para mim? Não estabeleça limites agora, apenas deixe no papel um pouco mais, antes de riscar ou eliminar.

Agora vamos à construção das metas com este método: ao listar seus desejos e sonhos, você já está respondendo à primeira das cinco perguntas que vamos apresentar. Procure usar o roteiro a seguir, ou faça o seu, seguindo o conceito apresentado.

QUAL? ou O QUÊ?

Agora vamos escrever com detalhes *qual* é sua meta ou *o que* deseja. Os detalhes o fazem iniciar o processo de impregnar a meta no subconsciente. Envolver-se com ela é fundamental, ou seja, descreva com a maior riqueza de detalhes, procure fotos, recortes, coisas que o façam tornar a meta cada vez mais real.

POR QUÊ?

Responda sinceramente, para você mesmo, qual a razão que o levou a desejar tal meta. Faça isso da maneira mais detalhada possível. Respostas muito simplistas não dão a devida importância e valor para a meta, tornando-a fraca, passível de ser deixada de lado diante da primeira barreira ou dificuldade. Para auxiliar na resposta, pense e responda: "O que vou ganhar ao atingir esta meta?". Depois de responder à pergunta, você terá a certeza de que essa é uma meta forte e real, que o fará lutar e pagar os preços (sacrifícios) para atingi-la.

COMO?

Ao escrever esta resposta, você estará, na realidade, montando os planos para atingir a meta, e surgirão as metas intermediárias, etapas para alcançar a meta maior. Quanto mais detalhado o plano, menores serão as chances de se perder no meio do caminho e desanimar, desistindo da meta. Para auxiliar na montagem do plano, pense e responda:

1. Quais são os maiores obstáculos que vou enfrentar para atingir a meta?
2. Quais são as habilidades e os conhecimentos necessários para alcançar a meta?

QUANTO?

Para metas materiais, é o valor monetário; para as metas de crescimento pessoal, o valor será o esforço que deverá ser feito.

QUANDO?

É a data, o prazo final para atingir a meta. Devemos considerar que existem as metas de curto prazo (até um mês), médio prazo (seis meses a um ano), longo prazo (acima de um ano).

A seguir, apresentamos um modelo de formulário para auxiliar na construção de seu conjunto de metas:

	Qual (Descrição)	Por quê?	Como	Quanto? (valor)	Quando? (data final)
Curto Prazo					
Médio Prazo					
Longo Prazo					

Testemunho

Após ministrar uma de minhas palestras em que falo sobre o ciclo, recebi a seguinte carta:

> Meu nome é Milton, e tive a oportunidade de assistir à sua palestra em Avaré, em abril de 2000. Recebi também o material, via internet, e gostaria de contar sua influência em minha vida atualmente.
>
> Sou veterinário, formado há catorze anos, e, em 1997, ainda não havia conseguido construir nada para mim e minha família. Era recém-casado, e a frustração era grande, além da preocupação de poder dar uma vida razoável à minha família. Consegui iniciar meu mestrado em nutrição e produção de gado de corte em Botucatu, em 1998, e achei que meu sucesso profissional estava garantido. Logicamente as empresas fariam fila na porta de casa para me contratar, e eu poderia escolher a melhor para mim.
>
> Comecei a mandar currículos, e recebi apenas uma resposta, mas não fui contratado.
>
> Em 26 de abril de 2000, defendi minha dissertação de mestrado, sendo aprovado com louvor. Porém, minha sensação era: "E agora? O que eu vou fazer da minha vida profissional?".
>
> Foi quando tive a oportunidade de assistir à sua palestra, e percebi que me faltavam metas bem estabelecidas. Demorei mais uns dez dias para colocar as idéias em ordem, e comecei a trabalhar de acordo com as metas estabelecidas.
>
> Tornei-me um consultor autônomo em pecuária de corte. Agora tenho uma carteira de clientes que está me permitindo crescer, e possuo metas para aumentar em 100% o número de clientes este ano. Fui convidado a ser professor do curso de agribusiness

de uma faculdade de Avaré, e escrevo uma coluna semanal sobre pecuária no jornal da cidade.

Uma de minhas principais metas era comprar uma casa em dois anos. Por incrível que pareça, minha casa está em construção, e a expectativa é nos mudarmos para ela em cinco meses.

Outras metas menores, tanto materiais como pessoais, foram alcançadas ou estão "na mira" para serem alcançadas nos próximos anos.

Tomei a liberdade de relatar esta história para mostrar o efeito que sua palestra exerceu em minha vida. Percebi que é muito mais simples (não fácil) conseguir uma vida melhor quando se tem metas, pois, se não as temos, qualquer caminho serve.

Muito obrigado e continue influenciando as pessoas dessa forma positiva.

Um abraço, Milton.

Espero que você tenha chegado até aqui com algumas metas já definidas. Sei que, no início, parecem poucas, não tão grandes, nem desafiantes como serão daqui a algum tempo. Esse é um processo normal, porém, com o amadurecimento e a prática, surgirão outras, e o processo iniciado aqui passará a ser extremamente motivador. Voltando um pouco, lembra-se de que o ciclo se iniciava falando de metas?

Algumas pessoas caem na "armadilha da mente", ou seja, estabelecem as primeiras metas, porém, não escrevem e acreditam que tudo fica guardado na "cabeça". Esta é a armadilha que já havia sido mencionada: a mente concentra todo o esforço para resolver um problema imediato, a meta vai para o segundo plano e nos esquecemos dela. Pessoas infelizmente apenas iniciam o ciclo, param ali mesmo, ficam com preguiça, não acreditam, criam desculpas para elas próprias e nunca se dão um momento que seja em suas vidas para trabalhar e construir suas metas.

Se você faz parte deste grupo, o livro termina por aqui, pois este não foi um bom investimento. A partir de agora, nunca mais poderá dizer que não foi avisado ou que nunca teve uma oportunidade para obter o que queria da vida. A sorte, lembra-se dela? Ela está lançada, está em suas mãos. Se você quiser mais da vida, continuemos juntos para conhecer o próximo passo do nosso ciclo.

Relato pessoal

Meu nome é Luciano e fui um dos primeiros a chegar e, como de costume, me sentei logo na frente para facilitar a atenção ao conteúdo.

A palestra intitulada "O ciclo do sucesso" abordava passos naturais de pessoas que atingiram o sucesso, porém, a parte que mais me chamou a atenção foi a elaboração das metas.

Elaborei minhas metas em um formulário fornecido pelo palestrante, olhei-o fixamente e disse para mim mesmo: "Eis aqui a minha melhor chance de realizar-me, dependerá somente de mim".

Chegando em casa, fixei-o em meu guarda roupa, onde teria que olhá-lo todos os dias e me lembrar das minhas metas e os prazos que estipulei.

Minhas metas de curto prazo foram as primeiras a serem realizadas, foi o que me motivou a continuar buscando as de médio e longo prazos.

Dentre as metas de curto prazo, a promoção na empresa para a supervisão foi um dos pontos mais marcantes.

Minha casa própria teve um realce interessante que acabou de fortalecer ainda mais minha crença nesse sistema. Eu tinha estipulado a meta de terminar a construção em agosto de 1999; para minha surpresa, a estimativa do engenheiro havia estourado o valor e eu não dispunha da diferença para terminar a obra. Meio desconfiado, olhei novamente para minha folha de metas e pensei: "Será que não vai funcionar desta vez?". Estava tudo muito bom para ser verdade; no dia seguinte, fui trabalhar, mas o pensamento não me saía da cabeça. Para minha surpresa, a empresa me propôs fazer um acerto de participações que foi exatamente o que faltava para terminar a obra.

Depois desse acontecimento comecei a ousar nas metas fixadas e obter realizações incríveis.

O início do curso de Administração (meta de médio prazo) se deu na aprovação do vestibular em dezembro de 1999, o qual concluí em 2003; como se não bastasse, recebi em minha formatura o título conferido pelo Conselho Regional de Administração de São Paulo de melhor aluno.

Durante minha graduação, fixei a meta de cursar a pós-graduação MBA da Fundação Getúlio Vargas, a qual consegui iniciar no último ano da faculdade e concluir em junho de 2004.

Outra meta que me chamou muito a atenção era ministrar aulas em uma faculdade de Administração tão logo terminasse minha pós-graduação. Para minha surpresa, fui convidado a ministrar aula de Teoria da Administração pela própria fundação na qual me formei, no início de 2004.

Após dez anos trabalhando na mesma empresa, que apresenta um faturamento anual próximo a R$ 40 milhões, eu fui promovido, e hoje sou gerente de Planejamento Estratégico, passando por mim todas as principais decisões gerenciais.

Metas como falar inglês e ganhar experiência internacional também foram descritas como realizadas. Já participei de congressos internacionais até na Flórida, pós-congresso na Califórnia e, em dezembro passado, desembarquei na África e na China, com a qual mantenho relações comerciais crescentes.

Quanto ao lado familiar, que julgo ser o mais importante, também passo momentos sublimes com minha esposa e, agora, dois lindos filhos, com quem faço questão de desfrutar horas de descontração ao lado de nossa piscina.

Às vezes paro para refletir como em tão pouco tempo (aproximadamente cinco anos) aconteceu essa revolução em minha vida; a única explicação que consigo dar é através da frase dita naquela palestra: "quando se tem metas reais, o universo conspira a seu favor".

Meu agradecimento especial a essa pessoa que, com simplicidade, humildade, profissionalismo, além de seu indiscutível dom, me fez conhecer meu poder. Como seres inteligentes, ao contrário de deixar a vida nos levar, hoje nós devemos levar a vida como desejamos.

Meus votos para que você continue sempre dando essa oportunidade para muitas pessoas viverem o que eu vivi.

Um abraço ao meu grande amigo João Festozo.

CAPÍTULO II

Os planos

Agora já definimos a meta, a qual está no topo de nossa montanha. Como fazer para atingi-la, o caminho a seguir até o topo e o preparo de que necessitamos para chegar até lá são os planos que construímos. Muitas pessoas até fazem o que falamos, ou seja, fixam metas, fazem planos, porém, este é apenas o começo; estamos no início da jornada. Sabemos que apenas 3% das pessoas têm metas, as 97% restantes até fazem os planos, mas param por aqui. Pessoas constroem suas metas, escrevem, seguem as orientações que ofereci anteriormente, entretanto, se não preparam os projetos, nada vai acontecer. Os planos surgem ao responder à pergunta: "Como vou atingir as metas que estabeleci?". Se, por exemplo, sua meta é uma casa própria, você deve tê-la descrito primeiro em detalhes e respondido por quê? Sua resposta deve ter sido tal, que reafirmou seu grande desejo, e mais: trouxe à tona as grandes razões que o levaram a consegui-la. Se deseja realmente obter sua casa, desenhe a planta, a fachada, feche os olhos e visualize a casa pronta, sente-se na poltrona da sala, sinta os cheiros, ouça os ruídos e comece a procurar o terreno. Estabeleça uma imagem e inicie o processo de transformá-la em realidade.

Tudo isso é parte do plano, que nada mais é do que metas intermediárias. Nesse momento, a folha de metas começa a mudar, a casa subdivide-se em outras metas; o terreno; o projeto; a construção; a compra dos materiais e assim por diante, até chegar no dia da inauguração. Para obter o terreno, é necessário primeiro encontrá-lo e, depois de localizado, comprá-lo. Por isso, é necessário dinheiro, que não vai cair dos céus, é preciso ganhá-lo e poupá-lo. Para isso, recomenda-se aqui, como primeira ação, a abertura de uma poupança, específica para essa e todas as outras metas. Agora, de posse de uma poupança, vamos nos obrigar a depositar periodicamente uma quantia direcionada para o terreno. Esse valor deverá ser obtido por meio de esforços adicionais que faremos para obtenção daquela meta, que, se não tivesse sido estabelecida, não estaríamos trabalhando a mais, esforçando-nos e canalizando nossos pensamentos para ela. Por isso, podemos afirmar que atingir metas é um processo que depende de uma série de fatores, principalmente colocar em prática a teoria apresentada.

Você deve se lembrar de que o sucesso é sempre precedido de muita ação, ou seja, colocar em prática aquilo que é necessário para atingir a meta. Quando observamos pessoas que conseguiram mais da vida, percebemos que todas, sem exceção, seguiram o ditado popular: "Não deixe para amanhã o que pode ser feito agora". Certa ocasião, conversando com uma pessoa de muito sucesso, perguntei-lhe qual era a razão de seu resultado acima da média. Ele, sem pestanejar, respondeu e confirmou a frase popular: "Não deixo para depois o que tenho de fazer agora". Se tenho de falar com alguém, não penso muito, pego o telefone e ligo. Se preciso fazer algo, entro em ação imediatamente, nunca postergo ou deixo para depois. A palavra preguiça não faz parte do dicionário das pessoas que conquistaram algo a mais na vida. Estabelecem as metas, desenham os planos e entram em ação imediatamente e de maneira persistente, não param, até atingirem suas metas.

Quando nos referimos a estabelecer planos, estamos falando em preparar-nos para enfrentar os desafios que certamente irão surgir durante a jornada. Ao estabelecer os planos, devemos estar prontos para mudar alguns hábitos negativos e lapidar outros que são positivos e que vão servir para alavancar os resultados. Nesse momento, vale a pena fazer uma parada estratégica para analisar alguns pontos fundamentais. Ninguém consegue atingir metas sozinho, ou seja, você vai depender de outras pessoas para conquistar qualquer coisa que quiser da vida.

Comunicação é a grande chave

Muitas vezes, estabelecemos nossas metas, montamos um plano de ação, mas nos esquecemos de que isso não é suficiente. A primeira coisa que teremos de melhorar é como nos comunicar com o mundo à nossa volta. Para tal, devemos lembrar que a comunicação é primordial para quem quer atingir metas.

Estudos realizados pelo cientista americano, dr. Albert Mehrabian, especialista na área de comunicação, citados no livro *Silent Messages*, demonstram que 7% do que comunicamos é "o que falamos", ou seja, as palavras que usamos; 38% são "como falamos", ou seja, nosso tom de voz. Entretanto, os 55% restantes são "o que não falamos", o não-verbal é mais importante do que o verbal. Usar as palavras adequadas e o tom e o volume de voz adequados representam 45% de nossa maneira de comunicar, porém, a postura, os gestos, a imagem que transmitimos, que, na verdade, representa o nosso corpo falando, completa os 55% restantes. Isto demonstra que a nossa imagem é muito importante, a primeira impressão é vital. Existe uma frase que diz: "Não existe uma segunda chance para causar uma boa primeira impressão".

MARKETING PESSOAL ENTRA NO JOGO

Sempre que entro em uma livraria, eu me lembro de uma frase que ouvi certa vez: *O livro se vende pela capa, mesmo sem conhecer o conteúdo dele, somos influenciados por uma capa bem produzida*. Em nosso caso, "nossa capa" é um conjunto de coisas que irão influenciar nossa comunicação com outras pessoas, que, nos dias atuais, é tratada por uma área conhecida como marketing pessoal. A nossa primeira comunicação é muito importante; por essa razão, existem atualmente profissionais especializados nessa nova matéria. Estar atento à imagem que transmitimos: a postura, tipo de vestimenta, os detalhes do nosso rosto e a aparência geral, faz uma enorme diferença no que queremos comunicar. Sempre é bom lembrar da frase que diz: "Deus está nos detalhes", e eu quero completar: "O diabo também". Em comunicação devemos estar atentos a todos os detalhes, pois está mais do que provado que a primeira impressão é a que fica; mas é claro que devemos cuidar da segunda, terceira etc., até a última impressão. Faça um investimento no seu marketing pessoal, pois vai fazer grande diferença na jornada, na busca de suas metas.

Aprendendo os segredos do relacionamento humano

Outro fator importante na construção de nossos planos é o relacionamento pessoal. Como já afirmei, não é possível atingir metas desconsiderando as outras pessoas. Dessa maneira, procure aprofundar o conhecimento das regras básicas das relações humanas. A primeira regra básica é *interessar-nos sinceramente* pelas pessoas com as quais nos relacionamos. Quando mostramos interesse pela pessoa, seus problemas e sonhos, esta percebe que acabou de encontrar alguém pronto para ouvi-la, pois, na verdade, é tudo que qualquer ser humano deseja: alguém que o ouça sinceramente e procure ser parceiro nos bons e maus momentos. Quando nos relacionarmos com alguém, lembraremo-nos de repetir sempre seu nome. Ao tratar a outra pessoa pelo nome, criamos um clima de intimidade e confiança, facilitando o relacionamento. O nome é o som mais doce que nossos ouvidos podem escutar, além de ser o mais familiar. Descubra o nome da pessoa, memorize-o, use-o com freqüência, e nunca cometa o pecado mortal de trocar por outro.

Muito já foi escrito sobre este tema; entretanto, entre as publicações, uma continua sendo referência nesta área: o livro *Como fazer amigos e influenciar pessoas*, de Dale Carnegie (Companhia Editora Nacional), deveria ser lido por todos aqueles que almejam relacionar-se bem e, como você, tencionam atingir todas as suas metas. Procure não apenas ler, mas estudar este manual do relacionamento. O autor escreveu este livro em 1937. Embora pareça antiga, a obra continua moderna e cativante até os nossos dias.

Ouvir ou escutar?

Dois grandes detalhes serão de suma importância no sucesso da busca pelas metas. Estes talvez sejam os mais complicados de aplicar na prática diária. O primeiro deles é aprender a desenvolver a capacidade de *escutar*. Existe uma diferença enorme entre ouvir e escutar; vejamos: ouvir é a atividade física, ou seja, se nosso aparelho auditivo é normal, então, neste exato momento, estamos ouvindo algum som no ambiente. Se estiver chovendo, podemos ouvir o som dos pingos da chuva, ou do aparelho de som ligado ao fundo, ou, mesmo, do vento soprado pelo ventilador. A partir do momento em que eu passei a chamar a atenção aos sons do ambiente, você não está apenas ouvindo, mas está escutando. Portanto, ouvir é atividade física, escutar é atividade mental. Talvez esteja se perguntando: "Por que isto é importante nas relações e o que isso tem a ver com os meus planos de atingir minhas metas?". Porque a maior parte do nosso tempo ouvimos e não escutamos a outra pessoa, e isso cria enormes barreiras nos relacionamentos. Preste atenção quantas vezes alguém está falando algo para nós e nosso pensamento voa; deixamos de escutar e, muito pior, falamos interrompendo o outro e, dessa maneira, perdemos a informação que a outra pessoa estava transmitindo.

Estudos demonstram que pensamos em média de 600 a 700 palavras por minuto, enquanto conseguimos falar apenas 150 palavras por minuto. Em função desse grande hiato entre o que pensamos e falamos, é normal que, se não estivermos atentos ao que o outro está falando, deixamos de escutar, pois a tendência é devanear, pensar em outra coisa, desviando a atenção. Ao desenvolver a capacidade de escutar, passamos a entender melhor o nosso ambiente e as pessoas; aumentamos nossas chances de atingir o que desejamos. A natureza nos deu dois ouvidos e apenas uma boca, exatamente para nos chamar a atenção ao fato de que devemos *ouvir*, desculpe, *escutar* o dobro do que falamos. Outros usam a matemática para mostrar este fato – escutar: 66%, falar: 34%. Você vai perceber que, na prática, ocorre o oposto: fala-se muito e escuta-se muito pouco. Seja um especialista em escutar e o mundo abrirá todas as portas para você.

Empatia: vestindo a pele do lobo

O segundo grande detalhe é usar a *empatia*. Antes de tudo, vamos compreender o que significa a palavra; segundo o dicionário, é "tendência para sentir o que sentiria outra pessoa caso se estivesse na situação experimentada por ela".

É a capacidade de se colocar no lugar do outro. Quando fazemos esse exercício, tão simples aparentemente, porém tão pouco utilizado, passamos a entender o que a outra pessoa está sentindo e, dessa maneira, podemos reagir e nos comportar de acordo com as emoções envolvidas.

Certa vez, em uma concessionária de automóveis, um cliente entrou pelo salão de vendas gritando e esbravejando, querendo falar com o gerente responsável. Naquela época, eu ocupava esse cargo. O primeiro impulso dos vendedores foi reagir da mesma maneira. Naquele momento, resolvi usar a empatia; então, escutei os gritos do cliente e pedi que ele se acalmasse e relatasse o ocorrido em um local privado da empresa. Encaminhei a pessoa visivelmente descontrolada para uma sala e, após oferecer uma água e um café, passei a escutá-lo atentamente. A pessoa explicou que havia retirado seu veículo da oficina e que, quando voltava para a casa com a família, em uma cidade próxima, passou a ouvir um ruído forte na roda dianteira. Resolveu retornar e, ao chegar à entrada da oficina, a roda dianteira do carro soltou-se e o veículo despencou no piso. Se isso tivesse ocorrido na rodovia, poderia ter causado um acidente muito sério, acarretando risco de morte de seus familiares, que estavam no carro.

Quando percebi que ele havia terminado o relato, pedi licença e, com calma e em um tom de voz adequado, disse: "Senhor, eu acho que, diante do ocorrido, sua reação foi até tranqüila demais, pois, no seu lugar, eu teria trazido comigo a polícia". A reação dele foi de surpresa e alívio; a partir desse momento, ele se acalmou, e eu continuei dizendo que iria tomar as providências devidas, investigando quem era o responsável e punindo-o exemplarmente, pois era o mínimo que poderia fazer, já que esse profissional havia deixado de cumprir seu serviço, podendo causar muitos danos a outras pessoas e à empresa. O cliente se acalmou e a situação foi resolvida. Independente do fato em si, a minha reação ao me colocar no lugar do cliente, usando da empatia, fez com que eu pudesse entender o que tinha ocorrido. Se estivesse na "pele" dele, eu teria reagido de maneira muito mais violenta, já que a esposa, a filha e o neto correram risco de morte naquela situação. O uso da empatia é uma maravilhosa ferramenta nas relações humanas.

O que estou propondo não é fácil, porém, é simples, e não custa nada experimentar e colocar em prática. Quanto mais você usar a empatia, maior será o seu sucesso nos negócios, na família, em todas as áreas da vida.

Mais de 85% dos insucessos nas áreas que citei devem-se ao desconhecimento dessas pequenas regras de ouro, que, se aplicadas no cotidiano, vão nos tornar mais felizes e bem-sucedidos.

Uma vez traçados os planos, você deve estar sempre preparado para melhorar como pessoa. O que foi mostrado é apenas uma parte do muito que precisamos conhecer; assim, espero que este seja o início de um grande trabalho de pesquisa e estudo, de muita leitura para cada vez mais crescer pessoalmente. Só com muita dedicação poderemos cumprir os planos traçados, atingir as metas estabelecidas hoje, e poder alcançar outras muito maiores em um futuro próximo.

Espero que você já tenha algumas metas e planos construídos. Quando passamos a trabalhar com o processo de metas de maneira estruturada, nossa mente passa a ser ocupada com o futuro, e ele nos motiva: criamos novas metas, fazemos novos planos e ficamos cheios de entusiasmo. Por essa razão, o próximo passo do nosso ciclo é o *entusiasmo*.

CAPÍTULO III

O entusiasmo

Depois de estabelecer a meta, visualizá-la no topo da montanha, planejamos como vamos chegar até o ápice. Para isso, traçamos o mapa do caminho referente aos nossos planos. Nesse momento, com tudo planejado e preparado, naturalmente, surge dentro de nós essa energia chamada entusiasmo, que, na verdade, é o combustível que nos impulsionará pelo caminho.

O famoso escritor americano Ralph Waldo Emerson (1803-1882) afirmou sabiamente: *Nada de grandioso neste mundo foi atingido sem entusiasmo*. Pesquisando a origem e a etimologia da palavra "entusiasmo", verificamos que tem origem grega: *entheos* (*en* significa dentro, e *Theos*, Deus). Assim, quando alguém está entusiasmado, está cheio de Deus.

Segundo a história, a primeira pessoa a usar a palavra foi Platão (428 – 327 a. C.), filósofo grego. Platão teria dito: *Quando estamos tomados, totalmente tomados por Deus, estamos como se cobertos por um manto – o manto do entusiasmo*.

Uma pessoa entusiasmada é uma pessoa cheia de energia divina, e, por esse motivo, pode transformar o ambiente que a rodeia, fazendo as coisas acontecerem.

Quando estabelecemos uma meta, construímos os planos, naturalmente nos enchemos de entusiasmo, pois acreditamos na meta e essa energia nos impulsiona para o objetivo.

Quando olhamos para a realidade do mundo, notamos que as pessoas que conseguem sucesso, sem nenhuma exceção, são plenas de entusiasmo. Pessoas como o empresário Silvio Santos. Ao ler sua biografia, notamos que, em toda sua história, nunca deixou de ter muito entusiasmo por tudo o que fazia. Lembro-me da história citada em sua biografia da barca da travessia para a ilha de Paquetá, que utilizava diariamente. Ele notou que as pessoas passavam todo o tempo do percurso sentadas e percebeu que poderia oferecer-lhes algo para matar a sede. Estabeleceu uma meta, fez os planos e, com todo entusiasmo, entrou em ação, passando a ter um dos primeiros dos muitos negócios bem-sucedidos que construiu: começou a vender refrigerantes durante o percurso.

Ayrton Senna é mais um exemplo do entusiasmo que leva ao sucesso. Em toda sua carreira, o talentoso piloto demonstrou que, por meio da energia divina, tudo é possível. Quem acompanhou a história de Senna vai se lembrar da inesquecível corrida em que ele foi perdendo cada uma das marchas do câmbio de seu carro de fórmula 1, até ficar com apenas uma. Apesar de ser quase impossível, ele conseguiu terminar a corrida. Ao deixar o carro, mal conseguia levantar o troféu devido ao desgaste físico a que foi submetido durante a corrida. Tudo graças à sua fé, garra, determinação, meta claramente definida de ganhar a corrida e, principalmente, seu grande entusiasmo.

Muitos são os exemplos que poderíamos citar: Pelé, Xuxa, Roberto Carlos, todos, sem exceção, têm algo em comum: muito, muito entusiasmo.

O poder do entusiasmo pode ser visto em muitos exemplos. Lendo a biografia das personalidades que obtiveram sucesso em várias áreas da vida, vamos perceber que todas são entusiasmadas. Por que não citar o papa João Paulo II, Madre Teresa de Calcutá, Abraham Lincoln e Juscelino Kubitschek? A construção da capital, Brasília, em pouco mais de três anos, sua principal obra como presidente, sem contar a trajetória política, foi sempre permeada de muito entusiasmo.

ENTUSIASMO E AS VENDAS

Quando falamos de entusiasmo, surge a imagem do bom vendedor. Não existe venda sem que haja, por trás de tudo, esse ingrediente fundamental. Ao falarmos em vendas, imaginamos comprar e vender algo; entretanto, é mais do que isso. Quando queremos que alguma pessoa se convença de uma nova idéia, ou quando desejamos que o nosso projeto seja aceito por alguém, é o mesmo que vender um produto ou serviço. O processo todo se inicia com o *conhecimento* daquilo que desejamos "vender". O conhecimento ou o estudo aprofundado daquele produto ou projeto faz com que iniciemos a fase seguinte, ou seja, passamos a ficar *envolvidos*.

O envolvimento apenas não é suficiente para realizar o que desejamos, ele é morno. Dessa maneira, ao mergulhar com toda força no assunto, vamos para a próxima fase: *comprometimento*. A diferença entre a pessoa envolvida e a comprometida é que a primeira gosta, mas a segunda tem paixão pelo tema. A paixão é um sentimento que se transforma em energia, força que se apodera do apaixonado; é o *entusiasmo*. A pessoa entusiasmada, cheia de paixão pela idéia, ao falar para outra pessoa, o faz tomado pelo poder divino citado por Platão. Ao fazê-lo, desperta, no outro, *desejo* de ter aquilo do que ele fala com tanto ardor. Nesse momento, a pessoa com o poder do entusiasmo *vende* o que tiver para oferecer, e isto pode ser um produto, uma idéia, o que quer que seja. Podemos afirmar que não existe venda sem desejo; não existe desejo sem entusiasmo; não existe entusiasmo sem paixão; não existe paixão sem comprometimento; não existe comprometimento sem conhecimento.

O quindim de minha mãe

Minha mãe sempre fez doces inesquecíveis; eu me lembro de um, que ela preparava nos meus 7 anos de idade. Ela me pedia que fosse à venda perto de casa para comprar coco seco. Antes, eu passava pela casa da minha avó, de onde trazia aqueles ovos caipiras, de gema bem alaranjada, e, no latãozinho de alumínio, o leite que tinha sido tirado da vaca cedo, pela manhã, lá no sítio do meu avô. Chegava em casa e minha mãe me pedia que quebrasse o coco, mas antes eu furava a casca dura e bebia a água doce, para depois entregar para ela ralar e começar a preparar a receita do quindim. Enquanto ela trabalhava na cozinha, eu ia para o quintal brincar com alguma das muitas coisas legais que tinha ali. Logo, eu começava a sentir aquele cheiro adocicado, que parecia penetrar no nariz. Nem precisava chamar, eu corria, ou melhor, flutuava no aroma até a cozinha. Lembro-me como se fosse agora, de que entrava e olhava à distância: em cima da pia de granito negro, parecendo ter iluminação própria, de cor amarela bem forte, os quindins soltando fumaça e envolvendo todo o ambiente com aquele cheiro inconfundível e irresistível que me dava muita água na boca. Como estavam quentes, eu ainda não podia tocá-los, mas ficava ali, admirando o brilho dos doces espalhados sobre a pedra. Parecia que alguém tinha, com um pincel, envernizado cada um dos docinhos. E o aroma era maravilhoso, quase fazendo sair água da boca. Eu era obrigado a esperar, pois não estavam prontos, tinham de esfriar, mas valia a pena. No momento certo, ela me dava um. Ao colocá-lo na boca, ele derretia, e a mistura do delicado creme dourado com o coco macio era deliciosa, me fazendo pensar no próximo, até minha mãe dizer:

— Chega, menino, senão vai ter dor de barriga.

Quero perguntar a você, leitor: gostaria de experimentar o quindim de minha mãe?

O que eu fiz foi exatamente colocar em prática o que descrevi há pouco, falar com entusiasmo de algo que conheço. Sou comprometido, tenho paixão. A idéia era despertar-lhe o desejo de comer o quindim da minha mãe. Apesar da técnica, a história é real e os quindins são maravilhosos.

Conheça em detalhes o que você quer "vender", não importa se é um doce ou um automóvel. Fale com todo entusiasmo e, com certeza, você vai contagiar quem estiver ouvindo, e este terá o desejo de ter aquilo de que você está falando. Use toda a sua força interna falando de sua meta, antes de mais nada, para você e, depois, para as pessoas mais próximas. Elas vão ajudá-lo a cumprir o seu plano de atingir suas metas.

Walter P. Chrysler (1875–1940), fundador da indústria de automóveis do mesmo nome, disse certa vez: *Se preciso escolher entre dois homens de capacidade idêntica, e um deles tem um entusiasmo declarado, sei que este chegará muito mais longe, pois o entusiasmo pode vencer todos os obstáculos.* Ao ser questionado sobre a razão de seu sucesso, ele mesmo disse: *O verdadeiro segredo do êxito é o entusiasmo.*

Fique atento, a partir de hoje, às pessoas que o cativam, àquelas que dizem ter carisma; o segredo é que elas têm entusiasmo.

Se me questionam como algumas pessoas conseguem ter entusiasmo sempre, a minha resposta é que elas têm metas desafiantes, que as mantêm entusiasmadas.

DEUS DENTRO DE NÓS

Certa vez, uma pessoa afirmou que era pobre e que, se continuasse naquele ritmo, não deixaria nada para seus filhos. Eu respondi, usando a frase do pastor americano Bruce Barton, dizendo-lhe que, se tivesse um único presente para deixar para seus descendentes, que fosse o entusiasmo.

Não podemos confundir entusiasmo com euforia. O primeiro é algo sólido, baseado em metas claramente definidas e planos exeqüíveis, enquanto o segundo é algo momentâneo, motivado por uma situação positiva. Como um balão de gás, a euforia se esvai tão logo o fato positivo se esgote, assim como o balão, que na manhã seguinte não flutua mais. O entusiasmo, por sua vez, continua vivo, pois está lastreado na meta.

A palavra entusiasmo, como já citei, deriva do grego e significa ter um deus dentro de si. Os gregos eram politeístas, isto é, acreditavam em vários deuses. A pessoa entusiasmada era aquela que, possuída por um dos deuses, poderia transformar a natureza e fazer as coisas acontecer. Assim, se fosse entusiasmada por Ceres (deusa da agricultura), seria capaz de proporcionar a melhor colheita, e assim por diante. Segundo os gregos, só pessoas entusiasmadas eram capazes de vencer os desafios do cotidiano. Era preciso, portanto, *entusiasmar-se.*

O *entusiasmo* é diferente do *otimismo*. Otimismo significa acreditar que uma coisa vai dar certo. Talvez até torcer para que dê certo. Muitas pessoas confundem otimista com entusiasmado. No mundo de hoje, na empresa de hoje, é preciso ser entusiasmado. A pessoa entusiasmada tem uma paixão dentro de si que não depende de estar só ou acompanhada, pois a fonte desse entusiasmo é ela mesma. Usa essa paixão em tudo que pensa e faz, transforma o mundo à sua volta. E só há uma maneira de ser entusiasmado: é agir entusiasticamente! Se formos esperar ter as condições ideais primeiro, jamais nos entusiasmaremos com coisa alguma, pois sempre teremos razões para não nos entusiasmar. Não é o sucesso que traz o entusiasmo, mas o contrário.

Conheço pessoas que ficam esperando as condições melhorar, a vida melhorar, o sucesso chegar, para depois se entusiasmar. A verdade é que jamais se entusiasmarão com nada. É o entusiasmo que traz a nova visão da vida.

O entusiasmo é energia; assim, se quer ter entusiasmo, aja como se estivesse entusiasmado, e você será tomado por ele, assim como descreveu Platão.

Capítulo IV

O trabalho

Cheios de entusiasmo, vamos iniciar a jornada em direção à meta. Muitas pessoas chegam até esse ponto, mas a grande maioria delas não quer trabalhar, por isso não inicia a caminhada, fica parada na base da montanha vislumbrando a bela visão do topo, mas não entra em ação. Essas pessoas podem ser encontradas no nosso convívio diário, são as que dizem: “Se tivesse feito aquilo, eu poderia estar bem hoje, como o meu amigo que acreditou e hoje está rico, montou aquela gráfica e tem todo o dinheiro que deseja na conta do banco”, ou aquela pessoa que diz: “Se tivesse feito aquele curso de inglês naquela época, agora eu falaria fluentemente o idioma. Com isso, poderia ter aceitado aquele convite para trabalhar na Inglaterra e estaria muito bem hoje”.

O que falta para essas pessoas? Metas? Planos? Entusiasmo? Não, faltou trabalho, ou melhor, faltou entrar em ação imediatamente. Na maioria das vezes, depois de tudo pronto para começar, foi conversar com aquele amigo e ele lhe disse: “O que é isso? Deixe de ser maluco! Dê uma olhada no mercado; veja como está a política; fique quieto no seu canto”. E a pessoa ouve o conselho e “puxa o freio de mão”, perde o entusiasmo e fica estagnada no sopé da montanha, olhando para a meta. Sabe onde você pode encontrar a turma do "se eu tivesse"? Nas praças públicas, nos clubes, e, às vezes, bem perto de você, na família. Muitas vezes, nós mesmos temos experiências parecidas para contar.

O trabalho é o único caminho para atingir metas. Esta afirmativa só pode ser derrubada se alguém recebeu uma grande herança ou ganhou na loteria. Ainda assim, se não houver trabalho, tudo vai por água abaixo, pois, se se recebe uma grande quantia e apenas a guarda debaixo do colchão, com o tempo o dinheiro desvaloriza-se e acaba. Isto se estivermos falando apenas das metas materiais, pois, se forem as pessoais, aí então não há como fazer, terá de haver trabalho.

O sucesso e o trabalho

Um dia, li uma frase no pára-choque de um caminhão que é de grande sabedoria: *O sucesso só vem antes do trabalho no dicionário*. A princípio, confesso que não entendi o sentido. Só depois, pensando com calma, percebi. O que a frase queria dizer era que a letra S estava antes do T no alfabeto, mas, na vida, primeiro vamos ter de trabalhar para depois experimentar o sucesso, o T antes do S.

Sempre ouvi histórias de pessoas que conseguiram bens materiais de maneira duvidosa. Nunca acreditei nisso e, dessa maneira, procurei pesquisar. Muitas histórias não eram verdadeiras, mas sim fruto da inveja. Outras se confirmaram, ou seja, o que aquelas pessoas tinham obtido não seguia os princípios de honestidade. Descobri que é possível adquirir bens materiais por meio de atos lesivos ou falcatruas, porém, quero frisar que tudo que será abordado neste livro segue os padrões universais da ética e honestidade.

Sabemos que é possível obter algumas coisas pelo lado desonesto, mas não vamos abordar este método. Um grande amigo sempre usava esta maneira jocosa de abordar este tema: "Você até pode ganhar ilicitamente, mas vai ter de se preparar para correr da polícia". Como não tenho preparo físico ou mental para isso, decidi atingir minhas metas pelo método tradicional: trabalhando. Bem sabemos que, muitas vezes, o outro método é aparentemente mais fácil, mas, se acreditamos nos princípios da natureza, cedo ou tarde as coisas vêm à tona, e o preço que se paga é por demais exagerado, não vale a pena.

Quero ser palhaço de circo

O trabalho é algo que deve ser feito com paixão, não é possível que alguém consiga realizar algo bem feito não gostando, ou melhor, não estando apaixonado por aquilo que faz. Certa vez, em um dos muitos seminários para um público de vendedores, estava abordando este tema, falando da importância de amar o que se faz. Disse que, se isso não ocorria, a pessoa deveria, o mais rápido, procurar em seu trabalho atual as razões para fazê-lo com toda a paixão. Caso contrário, que ela procurasse outra ocupação pela qual sentisse prazer, pedisse dispensa do emprego anterior e mudasse de profissão. Afirmei que devemos amar o que fazemos, pois só assim poderemos dar um verdadeiro show e ter sucesso profissional e pessoal. Nesse instante, um jovem de aproximadamente 25 anos levantou a mão e pediu a palavra: "Trabalho como vendedor há mais de cinco anos e sou relativamente bem-sucedido no que faço. Já conquistei o primeiro lugar algumas vezes, mas, ouvindo o que o senhor dizia, percebi que devo fazer algo agora pela minha vida, que sempre protelei. Sempre quis ser palhaço de circo".

Naquele momento, o público começou a rir, e eu fui obrigado a pedir silêncio; ele continuou: "Não faz mal que as pessoas riam, até porque eu adoro fazer as pessoas rirem, mas aqui, neste momento, tomei uma decisão: vou fazer aquilo que é minha paixão – ser palhaço de circo". A sala ficou silenciosa, o treinamento terminou e passou-se um bom tempo até que eu tivesse notícias do rapaz. Ele se tornou palhaço em um circo fora do Brasil. Obtive notícias de que ele estava fazendo enorme sucesso com um grupo na Europa, e que era o líder deste grupo, oferecendo seus serviços para vários circos famosos, viajando por todo o mundo. Terá sido coincidência o seu sucesso? Claro que não, ele simplesmente estava fazendo o que todos nós deveríamos fazer, ou seja, o que nos encanta, aquilo pelo qual somos apaixonados.

Nunca desista de procurar sua verdadeira vocação, pode ser que, nesse momento, seu trabalho não seja aquele de seus sonhos, mas continue procurando, pois só assim você poderá ter o sucesso que deseja e atingir todas as suas metas. Passamos mais de oito horas por dia trabalhando, ou seja, mais de um terço do dia.

Nós sabemos que, muitas vezes, o trabalho é cansativo, não somos compreendidos, somos pouco reconhecidos; outras vezes sofremos injustiças, ficamos nervosos por não conseguir fazer como planejamos, a cabeça dói, o corpo sente, bate o desânimo. A vida nunca será fácil, então, só há uma solução: fazer o que adoramos, o que nos dá prazer.

A vida é muito curta para ser desperdiçada não fazendo o que é nossa grande vocação. Todos nós podemos perceber quando uma pessoa está fazendo com prazer e paixão o seu trabalho. A pessoa tem um brilho nos olhos, a voz é alegre e vibrante, o corpo comunica essa atitude positiva. Quando fala, influencia nossa decisão. Na verdade, sua atuação é um verdadeiro show. Procure lembrar-se agora daqueles que marcaram a sua vida: aquele vendedor de sapatos, o professor inesquecível, o show daquele artista do qual se lembra até do número da poltrona, do garçom que lhe serviu de maneira personalizada. Sabe o que eles tinham de tão diferente? Eles fizeram seu trabalho apaixonadamente, por isso marcaram de maneira tão profunda.

É preciso ter iniciativa no trabalho

O mundo de hoje está cada vez mais competitivo. Nesse ambiente, muitas vezes hostil, só poderão sobreviver aqueles que tiverem características especiais. Certa vez, conversando com um importante executivo, em um momento de descontração, ele me confidenciou que, muitas vezes, tinha enorme dificuldade em escolher profissionais. Ele comentou que muitos possuíam excelentes históricos de formação, cursos no exterior, falavam diversos idiomas, tinham boa imagem, e que tudo isso era importante; porém, a maioria desses profissionais não tinha uma característica que, para ele, era a mais importante

– *iniciativa*. Não adiantava nada o profissional ter boa formação se não tivesse boa vontade para fazer trabalhos mais simples; e mais, o importante era que a pessoa tivesse iniciativa própria, sem esperar ser conduzida. Nesse momento, eu lhe contei uma história real, que ele adotou como lema para todos os que ingressavam em cargos executivos dentro de sua empresa. Considerado o trabalho literário com a maior tiragem registrada durante a vida de seu autor, esse artigo, publicado em março de 1899, na revista americana *Philistine*, de East Aurora (Nova York) ganhou rapidamente o mundo, como contou o autor Elbert Hubbard (1856-1915), em 1913.

Há muito tempo, os personagens citados – William Mac Kinley (1843-1901), presidente dos Estados Unidos; o insurreto major-general cubano Calixto Ramón García Iñiguez (1836-1898); e o mensageiro coronel Andrew Summers Rowan (1857-1943) – tornaram-se parte da História Universal, mas a mensagem continua atual, mais de um século depois de escrita.

> Uma mensagem a García
>
> Nesta narrativa cubana, um homem se destaca no horizonte de minha memória como o planeta Marte no seu periélio. Quando irrompeu a guerra entre a Espanha e os Estados Unidos, o que lhes importava era comunicar-se rapidamente com o chefe dos insurretos, García, que estava em alguma fortaleza no interior do sertão cubano, mas sem que se pudesse precisar exatamente onde. Era impossível comunicar-se com ele pelos correios ou pelo telégrafo. No entanto, o presidente tinha de assegurar-se da sua colaboração, e isto, o quanto antes. Que fazer? Alguém lembrou ao presidente:

— Há um homem chamado Rowan; e, se alguma pessoa é capaz de encontrar García, há de ser ele.

Rowan foi trazido à presença do presidente, que lhe confiou uma carta com a incumbência de entregá-la a García. De como esse homem, ele pegou a carta, meteu-a num invólucro impermeável, amarrou-a sobre o peito e, após quatro dias, saltou, de um barco sem coberta, alta noite, nas costas de Cuba; de como se embrenhou no sertão, para, depois de três semanas, surgir do outro lado da ilha, tendo atravessado a pé um país hostil e entregado a carta a García, são coisas que não vêm ao caso narrar aqui pormenorizadamente. O ponto que desejo frisar é este: Mac Kinley deu a Rowan uma carta para ser entregue a García. Rowan pegou a carta e nem sequer perguntou: "Onde ele está?".

Hosana! Eis aí um homem cujo busto merecia ser fundido em bronze imarcescível*, e sua estátua colocada em cada escola do país. Não é de sabedoria livresca que a juventude precisa, nem de instrução sobre isto ou aquilo; precisa, sim, de um endurecimento das vértebras, para poder mostrar-se altiva no exercício de um cargo; para atuar com diligência, para dar conta do recado; para, em suma, levar uma mensagem a García!

O general García não é mais deste mundo, mas há outros Garcías. A nenhum homem que se tenha empenhado em levar avante uma empresa, em que a ajuda de muitos se torne precisa, têm sido poupados momentos de verdadeiro desespero ante a imbecilidade de grande número de homens, a inabilidade ou da falta de disposição de concentrar a mente em uma determinada coisa e fazê-la.

Assistência irregular, desatenção tola, indiferença irritante e trabalho malfeito parecem ser a regra geral. Nenhum homem

* N.E.: incorruptível, indestrutível

pode ser verdadeiramente bem-sucedido, salvo se lançar mão de todos os meios a seu alcance, quer da força, quer do suborno, para obrigar outros homens a ajudá-lo, a não ser que Deus Onipotente, na sua grande misericórdia, faça um milagre enviando-lhe como auxiliar um anjo de luz.

Leitor amigo, você mesmo pode tirar a prova. Está sentado no seu escritório, rodeado de meia dúzia de funcionários. Pois bem, chame um deles e pede-lhe:

— Queira ter a bondade de consultar a enciclopédia e de me fazer uma descrição sucinta da vida de Correggio.

Dar-se-á o caso do empregado dizer calmamente "sim, senhor" e executar o que se lhe pediu?

Nada disso, vai olhá-lo perplexo e de soslaio para fazer uma ou mais das seguintes perguntas: "Quem é ele?"; "Que enciclopédia?"; "Onde está a enciclopédia?"; "Acaso eu fui contratado para fazer isso?"; "Não quer dizer Bismarck?"; "E se Carlos o fizesse?"; "Já morreu?"; "Precisa disso com urgência?"; "Não será melhor que eu traga o livro para que o senhor mesmo procure o que quer?"; "Para que quer saber isso?".

Aposto dez contra um que, depois de haver haveres respondido a tais perguntas, e explicado a maneira de procurar os dados pedidos e a razão por que deles precisas, seu empregado irá pedir a um companheiro que o ajude a encontrar García, e depois voltará para lhe dizer que tal homem não existe.

Evidentemente, pode ser que eu perca a aposta; mas, segundo a lei das médias, jogo na certa. Ora, se for prudente, não lhe dará ao trabalho de explicar a seu "ajudante" que o Correggio se escreve com "C" e não com "K", mas vai se limitar a dizer meigamente, esboçando o melhor sorriso: "Não faz mal; não se incomode", e, dito isto, vai se levantar e procurar. Essa incapacidade de atuar independentemente, esta inépcia moral, esta invalidez na vontade, esta atrofia de disposição – de forma solícita de se pôr em campo e agir – são as coisas que recuam para um futuro tão remoto o advento do socialismo puro.

Se não tomam a iniciativa de agir em benefício próprio, o que os homens farão quando o resultado do seu esforço redundar em benefício de todos? Por enquanto, parece que eles ainda precisam ser feitorados. O que mantém muito empregado no seu posto e o faz trabalhar é o medo de, se não o fizer, ser despedido no fim do mês. Anuncia precisar de um taquígrafo, e nove entre dez candidatos à vaga não saberão ortografar nem pontuar, pois pensam não ser necessário sabê-lo. Poderá uma pessoa dessas escrever uma carta a García?

— Vê aquele guarda-livros – perguntava-me o chefe de uma grande fábrica.

— Sim, o que tem?

— É um excelente profissional. Contudo, se o mandasse fazer um recado, talvez se desobrigasse da incumbência a contento, mas também podia muito bem ser que no caminho entrasse em duas ou três casas de bebidas, e que, quando chegasse a seu destino, não se recordasse da incumbência que lhe fora dada.

Será possível confiar-se a tal homem uma carta para entregá-la a García?

Ultimamente temos ouvido muitas expressões sentimentais, externando simpatia para com os pobres entes que mourejam de sol a sol, para com os infelizes desempregados à cata do trabalho honesto, e tudo isso, quase sempre, entremeado de muita palavra dura para com os homens que estão no poder.

Nada se diz do patrão que envelhece antes do tempo, em um baldado esforço para induzir eternamente desgostosos e descontentes a trabalhar conscienciosamente; nada se diz de sua longa e paciente procura de pessoal, que, no entanto, muitas vezes nada mais faz do que “matar o tempo” logo que ele volta às costas.

Não há empresa que não esteja despedindo pessoal que se mostre incapaz de zelar por seus interesses, a fim de substituí-lo por outro mais apto. E esse processo de seleção por eliminação está se operando incessantemente, em tempos adversos, com a única diferença que, quando os tempos são maus e o trabalho escasseia, a seleção se faz mais escrupulosamente, pondo-se fora, para sempre, os incompetentes e os inaproveitáveis. É a lei da sobrevivência do mais apto. Cada patrão, com base no próprio interesse, trata somente de guardar os melhores, ou seja, aqueles que podem levar uma mensagem a García.

Conheço um homem de aptidões realmente brilhantes, mas sem a fibra precisa para gerir um negócio próprio, e que ademais se torna completamente inútil para qualquer pessoa, graças à suspeita insana que constantemente abriga de que seu patrão o esteja oprimindo ou tencione oprimi-lo. Sem poder mandar, não tolera que alguém o mande. Se lhe fosse confiada uma mensagem a García, talvez você retrucasse: “Leve-a você mesmo”.

Hoje esse homem perambula errante pelas ruas em busca de trabalho, em quase petição de miséria. No entanto, ninguém que o conheça se aventura a dar-lhe trabalho porque é a personificação do descontentamento e do espírito de réplica. Refratário a qualquer conselho ou admoestação, a única coisa capaz de nele produzir algum efeito seria um bom pontapé dado com a ponta de uma bota de número 42, com sola grossa e bico largo.

Sei que não resta dúvida, que um indivíduo moralmente aleijado como esse não é menos digno de compaixão que um fisicamente aleijado. Entretanto, nessa demonstração de compaixão, vertamos também uma lágrima pelos homens que se esforçam por levar avante uma grande empresa, cujas horas de trabalho não estão limitadas pelo som do apito e cujos cabelos ficam prematuramente grisalhos na incessante luta em que estão empenhados contra a indiferença desdenhosa, contra a imbecilidade crassa, a ingratidão atroz, justamente daqueles que, sem o seu espírito empreendedor, andariam famintos e sem lar.

Dar-se-á o caso de eu ter pintado a situação em cores demasiado carregadas? Pode ser que sim; mas, quando todo mundo se apraz em divagações, quero lançar uma palavra de simpatia ao homem que imprime êxito a um empreendimento, àquele que, a despeito de uma porção de empecilhos, sabe dirigir e coordenar os esforços de outros e que, após o triunfo, talvez verifique que nada ganhou; nada, salvo sua mera subsistência.

Também eu carreguei marmitas e trabalhei como jornaleiro, como também tenho sido patrão. Sei, portanto, que alguma coisa se pode dizer de ambos os lados.

Não há excelência na pobreza de per si, farrapos não servem de recomendação. Nem todos os patrões são gananciosos e tiranos, da mesma forma que nem todos os pobres são virtuosos.

Todas as minhas simpatias pertencem ao homem que trabalha conscienciosamente, quer o patrão esteja, quer não. É o homem que, ao lhe ser confiada uma carta para García, tranqüilamente toma a missiva sem fazer perguntas idiotas e sem intenção oculta de jogá-la na primeira sarjeta que encontrar, ou praticar qualquer outro feito que não seja entregá-la ao destinatário; esse homem nunca fica "encostado", nem tem de se declarar em greve para forçar um aumento de ordenado.

A civilização busca ansiosa, insistentemente, homens nessas condições. Tudo que tal homem pedir lhe será concedido. Precisa-se dele, em cada cidade, em cada vila, em cada lugarejo, em cada escritório, em cada oficina, em cada loja, fábrica ou venda. O grito do mundo inteiro praticamente se resume nisto: "Precisa-se, e precisa-se com urgência, de um homem capaz de levar uma mensagem a García".

Essa mensagem, que tocou o executivo daquela empresa naquele dia, na verdade, o fez porque, cada dia mais, o mundo precisa de pessoas como Rowan, aquele que levou a mensagem a García. Para atingir metas, será necessário ter muita iniciativa, para não se tornar mais um na multidão. Será que você tem *iniciativa* em seu trabalho?

Dando o quilômetro extra

A partir de "Mensagem a García", que fiz questão de inserir neste livro na íntegra, reforcei a importância, cada vez mais requisitada nos dias de hoje, de ter-se iniciativa. Porém, não podemos deixar de lembrar que é necessário ter também "acabativa". Essa palavra não existe no nosso dicionário, mas significa que devemos terminar o que iniciamos.

Terminar não é suficiente. Se quiser realmente atingir metas grandes, terá que se diferenciar da grande maioria. Desta maneira, será necessário dar mais de si mesmo – dar o quilômetro extra. Em seu livro *A chave mestra das riquezas*, Napoleon Hill fala desta importante característica que, assim como a iniciativa, sempre encontraremos naqueles que almejam atingir metas desafiadoras. Dar o quilômetro extra significa dar um pouco mais do que a maioria dá. Se alguém lhe pedir um relatório, entregue-o conforme combinado, porém, coloque uma pitada a mais de tempero neste trabalho. Incremente com algo que não foi pedido, um acabamento mais detalhado, uma recomendação inesperada que agregue um melhor entendimento do assunto abordado, enfim, dê aquele algo mais que não estava sendo esperado.

Lembro-me de um fato que ocorreu comigo alguns anos atrás, quando prestava serviços para uma empresa. O diretor-proprietário pediu-me que lhe apresentasse um estudo sobre o custo real de veículos novos, pois, até aquele momento, o cálculo era sempre feito muito empiricamente. Pois bem, atendi ao pedido, porém, agreguei o mesmo cálculo para veículos usados; e mais, elaborei um programa no computador que fazia tudo isto automaticamente. O diretor, naturalmente, gostou e me contratou para trabalhar, não mais por serviço, mas com um contrato fixo por um período de dois anos.

Costumo dizer, com muita freqüência, que, na vida, não existem coincidências, nada ocorre por acaso. Se quiser algo mais da vida, dê a ela este algo mais. Como fazer isto? Caminhando sempre um quilômetro a mais, todos os dias. Em cada pequeno trabalho que realiza, a cada pequena ação, pense: "O que posso fazer para dar o meu quilômetro extra?" Em todos esses anos que presto serviços como consultor, nunca me arrependi, e sempre dou o meu quilômetro extra em todos os trabalhos que realizo. Fiz dessa atitude um diferencial do meu trabalho como consultor e faço sem esperar retorno, dou de bom grado, até porque isto se tornou um hábito para mim. Hoje, a maioria dos trabalhos que realizo é fruto daqueles aos quais, um dia, dei um pouco mais de mim. O mundo procura pessoas que estejam disponíveis quando todos já se foram.

Em minha passagem por uma concessionária de automóveis, presenciei um fato que ilustra muito bem nosso tema:

Um senhor de meia idade, com traços orientais, entrou na concessionária com trajes bastante simples, típico de alguém que trabalha no campo. Naqueles dias, havíamos admitido um jovem vendedor que contrastava com os demais, pois não tinha quase nenhuma experiência em vendas de automóveis. Ao perceber a presença do senhor, os vendedores mais antigos adotaram uma atitude muito equivocada, porém, ainda hoje, comum na área de vendas: depreciar o potencial cliente. Ninguém quis levantar-se da mesa e atender.

Após perceber o que ocorria, o jovem imediatamente se levantou e foi em direção ao homem. Deu a ele um atendimento seguindo a cartilha, com todos os procedimentos necessários. Culturalmente, os orientais não têm o costume de muita conversa, e aquele não fugia à regra. O trabalho do rapaz foi mais árduo. Aquele senhor, depois de ter em mãos todos os dados sobre um determinado carro, despediu-se e foi embora. O jovem vendedor foi motivo de brincadeiras, do tipo: "Não falei que não ia conseguir nada?"; "Ainda bem que fiquei lendo o meu jornal e não perdi tempo. Você é muito jovem, tem muito a aprender"; "Você gastou tempo demais com o homem". O jovem havia fornecido todos os dados pedidos e alguns mais, folhetos, tinha demonstrado o veículo, enfim, fez o que devia fazer. Sem deixar-se influenciar pelos colegas mais velhos e não satisfeito, no dia seguinte, ligou para aquele senhor, oferecendo apoio e colocando-se à disposição para qualquer informação eventual. Veio falar comigo para que eu pudesse dar a seu potencial cliente uma chance de dirigir o veículo. O *test drive* foi oferecido, e o senhor ficou muito satisfeito com sua atitude. O jovem vendedor caminhou o quilômetro extra. Você já deve ter concluído: depois de todo este trabalho, poucos dias depois, o carro foi vendido. Mas, o melhor é que o cliente era um importante líder junto aos produtores de hortifrutigranjeiros da região e, sendo assim, formador de opinião de um grande número de produtores. O trabalho diferenciado daquele jovem profissional influenciou positivamente aquele senhor, que, por sua vez, recomendou-o a muitos clientes. Em função disso, ele vendeu mais de uma dezena de carros quase de imediato após aquela venda; além disso, por um longo período de tempo, continuou a vender veículos para os recomendados daquele silencioso senhor oriental. Isto o colocou como líder de vendas por vários meses, proporcionando-lhe ganhos que causou inveja aos colegas. O segredo dele foi ter acreditado, não prejulgado, mas, principalmente, caminhado o quilômetro extra.

Um mais um vale mais do que dois

No início, será necessário o trabalho individual para construção de suas metas. Entretanto, sabemos que isso envolve pessoas da família, amigos e parceiros. A família será a primeira a ser requisitada no trabalho de construção das primeiras metas. Se for solteiro ou solteira, mesmo assim é interessante envolver alguém próximo com quem compartilhará as metas. Se existe o casal, o trabalho de construção das metas deverá ser feito em conjunto. É importante que seja construído em equipe, sob pena de falhar na execução dos planos. Não é possível atingir metas, pequenas ou grandes, sozinho. Assim, vamos ter de aprender a trabalhar em equipe.

Na aritmética, um mais um é igual a dois, mas, quando falamos de trabalho em equipe, um mais um é muito mais do que dois. De acordo com diversos estudos, está comprovado que, quando duas ou mais pessoas se unem em torno de uma idéia, a soma do trabalho mental dessas pessoas potencializa a energia e que os estudiosos denominam sinergia, ou seja, a energia de várias pessoas trabalhando juntas.

Temos assistido a inúmeros exemplos da força de uma equipe sinérgica, a partir de exemplos da nossa seleção de vôlei, sob o comando de Bernardinho; da seleção pentacampeã de futebol, sob a liderança do Luis Felipe Scolari (Felipão) e tantas outras. O grande segredo está em fazer o grupo trabalhar coeso, em equipe, com sinergia.

Na natureza, encontramos muitos exemplos interessantes do trabalho em equipe. Muito se tem falado e escrito sobre os gansos que voam em forma de um grande vê (V) para aumentar o rendimento do vôo; porém, o exemplo mais marcante de trabalho em equipe é o das abelhas. A organização e o trabalho desses insetos é uma perfeição que encanta todas as pessoas estudiosas do assunto, graças à impressionante capacidade de organização do trabalho em equipe.

A razão do seu sucesso

O trabalho diário deve considerar todas as pessoas com quem nos relacionamos; na verdade, estamos realizando uma relação do tipo cliente – fornecedor. Todos nós, no fundo, ora somos clientes, ora fornecedores. Assim, no dia-a-dia, quando alguém nos pede algo, nesse momento, ele é o nosso cliente. Para um médico, seu paciente é o seu cliente; para o professor, seu aluno é seu cliente; para uma mãe, o filho é o cliente; para o marido, a esposa é a cliente. Se entendermos dessa maneira, sempre haverá um cliente para o qual devemos prestar algum serviço. Faço aqui uma pergunta: "Qual é a razão deste livro ter sido escrito?". Ele foi escrito porque existe um cliente, no caso você, leitor. Agora repita esta pergunta para você mesmo: "Por que vou trabalhar amanhã?". Porque existe um cliente. Se ele não existisse, você não sairia de casa, não teria benefícios financeiros, não poderia fixar metas nem atingi-las. Estou dizendo tudo isso porque o cliente é a razão de tudo, nada seria possível se não existisse o cliente. A seguir, veja a opinião de alguns homens bem-sucedidos sobre a figura do cliente.

Não é o patrão quem paga os salários; ele apenas cuida do dinheiro. Quem paga os salários é o cliente. Henry Ford, fundador da Ford Motor Company (pense na profundidade desta afirmativa).

Os clientes podem demitir todos em uma empresa, do dono para baixo, simplesmente gastando o seu dinheiro em outro lugar. Sam Walton, fundador do Wall-Mart (releia a frase e vamos compreender por que essas pessoas faziam tanto sucesso à sua volta).

O cliente paga nossos salários. Sem ele, não existiria nossa empresa, nem nós estaríamos aqui hoje. Talvez você não estivesse lendo este livro, pois, certamente sem você, cliente, eu não o teria escrito. Ele vai colaborar para que possamos atingir nossas metas. Ao levantar-se pela manhã e dirigir-se ao trabalho, tendo consciência deste fato, tudo vai ser diferente. Ao entrar em contato com o primeiro cliente, você vai lembrar-se de que ele é a razão de seu sucesso; tenho a certeza de que você vai se empenhar com toda a paixão, com todo o entusiasmo, para que ele fique encantado e não se esqueça de você. O show será tão especial, que ele o recomendará para todas as pessoas que conhece, e você, como brinde, vai obter seus ganhos como conseqüência desse trabalho realizado. Assim, atingirá todas as suas metas.

Fazer um show inesquecível

As pessoas querem emoção, não estão interessadas só nas coisas racionais. Quando vamos a um médico, precisamos ouvir dele o diagnóstico racional daquela dor que estamos sentindo na perna direita. Entretanto, queremos que a mensagem seja dada com forte conteúdo emocional; necessitamos ser afagados, que ele entenda e quase sinta a nossa dor; desejamos que ele nos escute, olhando-nos nos olhos. Se isto não acontecer, este não será um médico querido, aquele que vamos recomendar a outros.

Quando vamos comprar um carro, precisamos saber informações do automóvel, tais como: características técnicas, preço e condições de pagamento, serviços de pós-venda. Se o vendedor apenas mostrar essas informações, vamos nos esquecer delas, até porque poderíamos ter tudo isso, e até mais, através da Internet. O que realmente queremos é ser bem-tratados, respeitados, ouvidos, reconhecidos, valorizados. O vendedor que fizer isso nunca mais será esquecido, e será lembrado, inclusive, no círculo de amigos em que será mostrado o carro novo. Aliás, nas minhas andanças, conheci vários profissionais que obtiveram todo o sucesso que quiseram simplesmente agindo dessa maneira, dando às pessoas não apenas a razão, mas também muita, muita emoção.

Certo dia, um deles me disse: “Eu descubro o que eles precisam, dou a eles mais do que eles precisam, me torno amigo deles e me emociono junto com eles”. Essa pessoa, hoje, é um empresário de sucesso, porém, tudo o que obteve foi vendendo carros, sem nunca se esquecer de dar muita emoção.

Não se esqueça: trabalhe dando às pessoas muita emoção. Descubra o botão vermelho da emoção, aperte-o e as pessoas nunca o esquecerão.

Pergunte a si mesmo agora: “Se fosse líder de uma equipe, eu me convidaria para fazer parte desta equipe? Se fosse atendido por mim, que nota daria para o meu atendimento? Será que as pessoas com quem mantenho contato ficam felizes com a minha atuação? Será que elas me recomendariam para outras pessoas? Será que elas se lembrarão de mim? Será que eu estou dando um show em meu trabalho?”.

CAPÍTULO V

O problema

A maior dificuldade que encontrei, em muitos momentos, fui eu mesmo. (Ayrton Senna).

Nesse momento, com a visão da meta no topo da montanha, estamos caminhando a passos firmes, seguindo o caminho traçado segundo os planos estabelecidos. Essa possibilidade nos enche de entusiasmo e essa energia nos dá força para trabalhar. A próxima etapa do ciclo são os *problemas.* No início, o caminho é largo, o piso é bastante regular, não existem obstáculos que prejudiquem a caminhada. Contudo, à medida que subimos, a estrada torna-se cada vez mais estreita, o abismo na lateral fica cada vez mais próximo; caminhar já não é tão seguro como antes. Começam a surgir pedras no caminho e nuvens aparecem prejudicando a visão da meta. Ao longo do caminho, encontramos pessoas que estranhamente estão sentadas, cabisbaixas e silenciosas. Parecem cansadas, porém, ao serem questionadas, notamos que a razão não é o cansaço, é o abatimento causado pelos problemas.

Uma nova abordagem para os problemas

Os problemas são parte do cotidiano; no entanto, a maneira como os encaramos faz enorme diferença na sua solução.

Um dia, ouvi de um rapaz que trabalhava comigo na lavoura uma definição muito simples para problema, porém interessante. Ele me disse: "Problema é alguma coisa que acontece quando não estamos esperando". Se estamos andando de bicicleta e a corrente se quebra, a partir desse momento passamos a ter um problema; até ali não existia nada a resolver.

Minha proposta é mudarmos a abordagem. Todas as vezes que surgir um problema, deveremos seguir um processo. O primeiro passo é entendê-lo, levantando todos os fatos que o envolvem. O segundo passo é pensar que sempre haverá somente duas opções: o problema "tem solução" ou "não tem solução". O terceiro passo é fazer uma análise detalhada dos fatos, considerando o máximo de informações que se puder obter sobre a situação. O quarto passo é escolher entre as duas opções citadas. Se for a primeira, então, deixou de ser problema e transformou-se em "assunto a resolver". Como tal, acabamos de criar uma nova meta, citada quando abordamos o tema "Construindo sua meta". Por outro lado, se concluirmos que "não tem solução", estaremos diante de algo mais simples: o que não tem solução não pode ser tratado como problema. Se não há o que fazer, a única saída é "esquecer"; como se diz popularmente, "bola para frente".

Isto tudo parece muito simples à primeira vista, e é o método básico tratado para solucionar problemas, citado aqui de maneira bastante simplificada. Na vida, os fatos ficam mais complexos, pois o problema é sempre algo que mexe conosco, nos deixa chateados, tristes e, dependendo da intensidade, vai exigir maior controle emocional.

A ATITUDE FAZ TODA A DIFERENÇA

Durante a jornada, vão surgir muitos problemas. Já se disse que *A vida é uma contínua sucessão de problemas* (Izrat Kahn). Nosso comportamento diante das situações vai determinar o grau de dificuldade para encontrar a solução de qualquer problema. Zig Ziglar, um dos mais importantes palestrantes motivacionais da nossa época, afirmou: *A vida é composta de 10% do que me acontece e 90% da maneira como reajo.*

Nossa atitude é a grande chave na solução dos problemas. Devemos estar atentos, pois ela é parecida com algo muito delicado, como, por exemplo, uma orquídea; se não a protegermos contra as intempéries, vento, chuva, sol em demasia, excesso ou falta de água, ela será danificada. Assim, devemos cuidar para que os excessos não prejudiquem a nossa atitude. Precisamos estar sempre informados, e com pleno conhecimento do que se passa à nossa volta. Aqui precisamos ter muito cuidado, pois a realidade pode ser vista sempre de dois modos, positiva ou negativamente.

Ler o jornal pela manhã ou assistir ao primeiro telejornal é muito importante, porém, atenção, pois podemos nos tornar azedos logo na primeira hora, e sabe por quê? Porque 95% ou mais do que se mostram é negativo, porque o ser humano está acostumado com o negativo. Notícia positiva não rende dividendos aos donos do jornal ou a qualquer meio de comunicação.

Eu tinha um amigo que, sempre que passávamos na frente de uma banca de jornal, me dizia: "Vai lá, João, e olhe se hoje tem alguma notícia positiva na manchete de algum dos jornais; em caso afirmativo, eu pago o almoço e, de quebra, compro a banca para você". Eu sabia que nunca ganharia a aposta.

Experimente você mesmo: na primeira oportunidade, olhe com olhos críticos; você entenderá a brincadeira de nossa aposta. O negativo vende mais que o positivo, sempre. Se eu afirmar agora que, daqui a uma semana, você terá uma grande oportunidade em sua vida, certamente vai duvidar e questionar de onde eu tenho essa informação. Da mesma maneira que, se eu disser que daqui a uma semana vai ficar doente ou perder uma grande soma em dinheiro e herdar uma dívida enorme, você certamente vai ficar preocupado, pode até questionar de onde tirei tal informação. Nos dois casos, são apenas hipóteses, ambas podem ocorrer. Porém, com a grande maioria das pessoas, ocorre que, na primeira opção, duvidamos e na segunda, temos a tendência a acreditar. Por quê? O negativo faz parte de nossas vidas desde a mais tenra idade.

Pesquisas comprovam que ouvimos o *não* desde muito jovens, com tal freqüência que ficamos acostumados com ele. "Paulinho, não suba aí"; "Joãozinho, não coma doces"; "Mariazinha, não fale tão alto". "Não faça isso, aquilo, não, não, não, não, não, não, não, não...". São tantos nãos que, na idade adulta, essa palavra é algo habitual aos ouvidos.

Esse é um fato comprovado por estudos sobre neurolingüística, a área da psicologia que estuda as relações entre a estrutura do cérebro humano e a capacidade linguística. Nos Estados Unidos, em uma pesquisa feita com crianças de 3 a 4 anos, os cientistas colocaram um microfone atrás das orelhas delas e gravaram o que ouviram durante 24 horas. Dos dados obtidos, concluiu-se, que, de zero a 8 anos de idade, uma criança recebe mais de 100 mil nãos! "Não faça isso; Não faça aquilo; Não ponha a mão aqui; Não risque ali; não, não, não". Os cientistas concluíram também que, para cada elogio, a criança recebia nove repreensões, ou seja, um positivo para nove negativos.

Portanto, cuidado com o que ouve e vê. Precisamos filtrar o que de positivo existe em nosso ambiente; em seguida, do negativo retirar o positivo, para podermos caminhar cientes da realidade que nos rodeia. Cuidado para não fazer como aquele homem que, depois de ler os jornais e inteirar-se da realidade daquele dia, resolveu não sair de casa, pois poderia ocorrer com ele o mesmo que havia ocorrido com alguém: o avião cair sobre a cabeça ao cruzar a porta de entrada. Cuide com carinho de sua atitude.

METADE CHEIO OU METADE VAZIO?

Em praticamente todos os treinamentos que ministro, sempre surge entre os participantes alguém que é influenciado pelo ambiente negativo com o qual convive no cotidiano. É como se a pessoa entrasse na sala de trabalho carregando toda a carga que absorveu lá fora e vê, naquele treinamento, uma oportunidade de falar dos problemas. Na primeira oportunidade, faço uso de uma metáfora, utilizando um copo com água pela metade. A princípio, faço a seguinte pergunta: "Este copo está metade cheio ou metade vazio?". Normalmente a sala fica silenciosa por um tempo, até que algum deles responde:

"Metade cheio", outros falam "Metade vazio". Eu continuo insistindo na mesma pergunta: "Metade cheio ou metade vazio?". Depois de algumas respostas, sempre alguém vai dizer: "Metade cheio e metade vazio". Eu aproveito, então, para concordar que o copo está metade cheio e metade vazio, e essa é a realidade. Esta figura de linguagem serve para que separemos claramente o negativo do positivo. A metade cheia é o positivo, e a vazia o negativo.

Algumas pessoas vão olhar para o copo e dizer entusiasticamente: "Puxa, que legal, meio copo de água! Imagine isso no deserto, sob um sol de 45 graus Celsius". Outros, diante do mesmo copo, vão falar melancolicamente: "Só meio copo? Isto não dá para nada". Será que há diferença no copo? Claro que não, ele é o mesmo. O que muda é a maneira de olhar para ele.

Sempre digo que, na vida, tudo terá sempre os dois lados, caminhando juntamente. Porém, como citei, normalmente temos a tendência de olhar para o que falta; parte vazia, quase que de modo automático. Para olhar a parte cheia, o positivo, será preciso treinar, trabalhar para aprender a olhar o positivo, que existirá em todas as situações. Como você reage diante das situações negativas que surgem em sua vida? Você olha para a metade cheia ou vazia do copo de água?

De porteiro a empresário

Não havia no povoado pior ofício do que porteiro do prostíbulo. Mas, que outra coisa poderia fazer aquele homem? O fato é que nunca tinha aprendido a ler nem escrever, não tinha nenhuma outra atividade ou ofício.

Certo dia, um jovem cheio de idéias, criativo e empreendedor, tornou-se o novo gerente do estabelecimento. Decidido a modernizar o estabelecimento, fez mudanças e chamou os funcionários para as novas instruções. Ao porteiro, disse:

— A partir de hoje, além de ficar na portaria, o senhor vai preparar um relatório semanal em que registrará a quantidade de pessoas que entram e seus comentários e reclamações sobre os serviços.

— Eu adoraria fazer isso, senhor – balbuciou –, mas não sei ler nem escrever!

— Ah! Sinto muito! Mas, se é assim, já não poderá seguir trabalhando aqui.

— Mas, senhor, não pode me despedir! Eu trabalhei nisso a minha vida inteira, não sei fazer outra coisa.

— Olhe, eu compreendo, mas não posso fazer nada pelo senhor. Vamos dar-lhe uma boa indenização e espero que encontre algo para fazer. Eu sinto muito! Tenha muita sorte!

Sem mais nem menos, deu meia volta e foi embora. O porteiro sentiu como se o mundo desmoronasse. O que fazer?

Lembrou-se de que no prostíbulo, quando quebrava alguma cadeira ou mesa, ele a arrumava, com cuidado e carinho. Pensou que essa poderia ser uma boa ocupação até conseguir um emprego. Mas só contava com alguns pregos enferrujados e um alicate mal conservado. Usaria o dinheiro da indenização para comprar uma caixa de ferramentas completa. Como o povoado não tinha casa de ferragens, era necessário viajar dois dias em uma mula até o povoado mais próximo para realizar a compra. E assim o fez.

Em seu regresso, um vizinho bateu à porta:

— Você tem um martelo para me emprestar?

— Sim, acabo de comprá-lo, mas eu preciso dele para trabalhar... Já que...

— Eu o devolverei amanhã bem cedo.

— Se é assim, está bem.

Na manhã seguinte, como havia prometido, o vizinho bateu à porta e disse:

— Olhe, eu ainda preciso do martelo. Por que você não me vende?

— Não, porque preciso dele para trabalhar; além do mais, a casa de ferragens mais próxima está a dois dias de viagem.

— Façamos um trato – disse o vizinho. – Eu pagarei os dias de ida e volta, mais o preço do martelo, já que você está sem trabalho no momento. Que lhe parece?

Realmente, isto lhe daria trabalho por mais dois dias... Mas aceitou. Voltou a montar em sua mula e viajou. Após regressar, outro vizinho o esperava na porta da casa.

— Olá, vizinho. Você vendeu um martelo ao nosso amigo. Eu necessito de algumas ferramentas. Estou disposto a pagar-lhe seus dias de viagem, mais um pequeno lucro, para que as compre para mim, pois não disponho de tempo para viajar para fazer compras. Que lhe parece?

O ex-porteiro abriu sua caixa de ferramentas, e seu vizinho escolheu um alicate, uma chave de fenda, um martelo e uma talhadeira. Pagou e foi embora. Nesse momento, nosso amigo guardou as palavras que escutara: "Não disponho de tempo para viajar para fazer compras". Se isto estivesse certo, muita gente poderia necessitar que ele viajasse para trazer as ferramentas.

Na viagem seguinte, arriscou um pouco mais de dinheiro, trazendo mais ferramentas do que as que haviam vendido.

De fato, poderia economizar algum tempo em viagens. A notícia começou a se espalhar pelo povoado, e muitos, querendo economizar a viagem, faziam encomendas. Como vendedor de ferramentas, uma vez por semana viajava e trazia o que seus clientes precisavam.

Com o tempo, alugou um galpão para estocar as ferramentas. Alguns meses depois, comprou uma vitrine e um balcão, e transformou o galpão na primeira loja de ferragens do povoado.

Todos estavam contentes e compravam dele. Não mais viajava, e os fabricantes enviavam-lhe seus pedidos. Ele era um bom cliente. Com o tempo, os moradores dos povoados vizinhos preferiam comprar em sua loja de ferragens, a gastar dias em viagens.

Um dia, ele se lembrou de um amigo que era torneiro e ferreiro e pensou que poderia fabricar as cabeças dos martelos. E logo, por que não, as chaves de fenda, os alicates, as talhadeiras etc. Em seguida, foram os pregos e os parafusos... Em poucos anos, nosso amigo se transformou em um rico e próspero fabricante de ferramentas.

Um dia, decidiu construir uma escola para o povoado. Nela, além de ler e escrever, as crianças aprenderiam algum ofício. No dia da inauguração, o prefeito entregou-lhe as chaves da cidade, abraçou-o e disse-lhe:

— É com grande orgulho e gratidão que lhe pedimos que nos conceda a honra de colocar a sua assinatura na primeira página do livro de atas desta escola.

— Ficaria muito honrado – disse o homem. – Seria a coisa que mais me daria prazer, mas sou analfabeto.

— O senhor?! – perguntou o prefeito, incrédulo. – O senhor construiu um império industrial sem saber ler nem escrever? Estou abismado. Eu lhe pergunto o que teria sido do senhor se soubesse ler e escrever!

— Isso eu posso responder – disse o homem com calma. Se soubesse ler e escrever, ainda seria o porteiro do prostíbulo!

Geralmente, as mudanças são vistas como adversidades, quando podem ser bênçãos. As crises estão cheias de oportunidades.

Se alguém lhe bloquear a porta, não gaste energia com o confronto, procure as janelas.

Lembre-se da sabedoria da água: "A água nunca discute com seus obstáculos, mas os contorna" (autor desconhecido).

A ÚLTIMA CORDA

Na subida da montanha, vamos encontrar pessoas que, como todo mundo, tiveram problemas; porém, diante deles, por falta de atitude, desistiram de suas metas. Na jornada, muitas delas poderão nos influenciar negativamente. Vamos ouvir coisas do tipo: "Deixe isso para lá, vai ser muito difícil" ou "Essa meta é muito exaustiva para você! Não vai conseguir". Como nesse trecho do caminho existem muitas nuvens que encobrem a meta, podemos também parar. Por isso, devemos estar atentos. Na vida, aqueles que conseguem atingir seus objetivos são os que enfrentam seus problemas, aprendem com eles, melhoram e continuam em frente, apesar das dificuldades.

Diante do problema, temos a tendência a pensar que somos os únicos e que a solução é muito difícil ou até impossível. Por isso, vale a pena refletir sobre a história deste compositor e músico, que é um exemplo a ser considerado:

> Era uma vez, um grande violinista chamado Niccolò Paganini. Alguns diziam que ele era muito estranho. Outros, que era sobrenatural. As notas mágicas que saíam de seu violino tinham um som diferente, por isso ninguém queria perder a oportunidade de assistir a seu espetáculo.
>
> Certa noite, o palco de um auditório repleto de admiradores estava preparado para recebê-lo. A orquestra entrou e foi aplaudida. O maestro foi ovacionado. Mas, quando a figura de Paganini surgiu, triunfante, o público delirou. Ele colocou seu violino no ombro e, ao que se assistiu a seguir, foi indescritível. Breves e semibreves, fusas e semifusas, colcheias e semicolcheias pareciam ter asas e voar com o toque daqueles dedos encantados.
>
> De repente, um som estranho interrompeu o devaneio da platéia. Ocorreu um problema; uma das cordas do violino de Paganini havia arrebentado. Então, o maestro parou, assim como a orquestra e público. Mas Paganini não parou. Olhando para sua partitura, ele continuava a tirar sons deliciosos de um violino com problemas. O maestro e a orquestra, empolgados, voltaram a tocar. Mal o público se acalmou, outro som perturbador tirou a atenção dos assistentes: outra corda do violino de Paganini se rompeu. O maestro parou de novo. A orquestra parou de novo. Mas Paganini não parou. Como se nada tivesse acontecido, ele se esqueceu das dificuldades e avançou, tirando sons do impossível. O maestro e a orquestra, impressionados, voltaram a tocar.
>
> Mas o público não poderia imaginar o que aconteceria a seguir. Todas as pessoas, pasmas, gritaram: "Oohhh!", que ecoou pelo estupefato auditório. Mais um problema, a terceira corda do

violino de Paganini arrebentou. O maestro parou, bem como a orquestra. A respiração do público parou. Mas Paganini não parou. Como um contorcionista musical, ele tirou todos os sons da única corda que sobrara daquele violino destruído. Nenhuma nota foi esquecida. O maestro empolgado se animou. A orquestra se motivou. O público partiu do silêncio para a euforia, da inércia para o delírio. Paganini atingiu a glória.

Seu nome corre através do tempo. Ele não é apenas um violinista genial, mas o símbolo do ser humano que persevera ante os problemas, que, para uma pessoa sem atitude, podiam parecer sem solução ou de solução impossível. Seu nome é Niccolò Paganini (1782–1840).

Capítulo VI

O medo

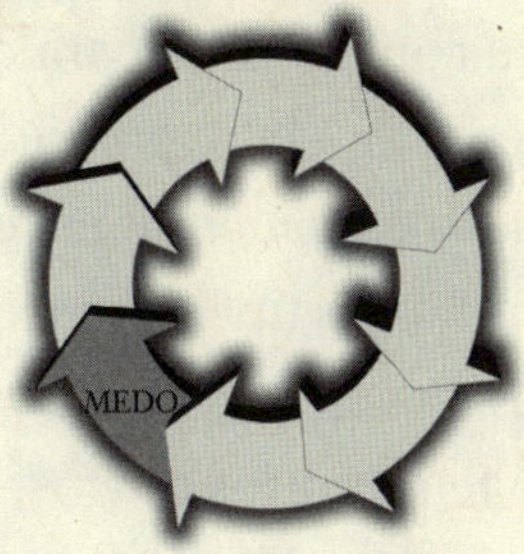

Jesus olhou para Jairo e disse: "Não tenha medo; tão-somente creia"
(Marcos 5:36).

O medo tem muitos olhos e pode ver coisas escondidas
(Miguel de Cervantes).

A jornada em direção à meta deve continuar. Na etapa anterior, referente aos problemas, sentimos que nossas forças parecem diminuir, pois, além da visão prejudicada de nossa meta no topo da montanha, vemos que muitas pessoas desistiram de continuar; além disso, muitas delas já se preparam para fazer o caminho de volta, ou seja, retornar para aquela "vidinha" comum, em que sonhar é bobagem, e essa coisa de meta é apenas para poucos teóricos. Mas, apesar do ambiente negativo, ainda acreditamos, e nossa meta, com seu brilho forte, consegue atravessar as nuvens, motivando-nos a continuar. O caminho é cada vez mais estreito e íngreme. O abismo está próximo demais e nos assusta. Devemos estar atentos para as pedras soltas na trilha, pois podemos tropeçar, além de ficar atentos para possíveis quedas de rochas que possam desabar sobre nossas cabeças. As nuvens, à medida que subimos, ficam mais densas, como uma neblina fechada que nos cega e nos impede de ver a meta. Toda sorte de dificuldades e problemas nos desafia, como que conspirando para desistir. Estamos entrando na próxima etapa do ciclo: o *medo*.

Não existe uma pessoa que, alguma vez na vida, não tenha sentido medo. Existem vários tipos de medo que um ser humano normal pode sentir. Talvez, o mais universal dos temores seja o de morrer, mas existem muitos outros, como o da pobreza, da doença, do fracasso, da rejeição, da velhice, da crítica e o famoso medo de altura, sentido, principalmente, por quem já viajou de avião.

Numa viagem que fiz de Porto Alegre a Santa Maria, meu avião, de porte pequeno, atravessou uma área de instabilidade e balançou um pouco mais além do normal. Uma senhora sentada ao meu lado ficou tão nervosa, e com tamanho pavor, que agarrou a poltrona de tal maneira que seus dedos ficaram roxos. Além disso, seu rosto assumiu uma grande palidez, da cor de sua blusa branca. Passado o momento crucial, ela demorou alguns minutos até voltar a respirar normalmente. Começamos a conversar e ela estava ofegante. Perguntei-lhe se estava bem e ela me respondeu: "Bem que me avisaram que este avião é perigoso". Eu disse a ela que o avião é o meio de transporte mais seguro que existe; morrem mais pessoas de automóvel, ônibus e trem. Ela olhou para mim e disse: "Então, eu senti medo de boba que sou" e respirou fundo, acalmando-se.

Sabemos que, mesmo de posse de toda a informação, se viveu um fato muito marcante, a pessoa vai ter muita dificuldade para perder esse medo, a não ser à custa de apoio de um profissional, que a ajude a livrar-se deste mal.

Na verdade, o medo é algo que criamos em nossa mente, obviamente produzido por um deflagrador externo. Neste caso, o balanço do avião e a informação distorcida que aquela senhora recebeu fizeram com que ficasse vulnerável ao medo.

O MEDO COMO FORÇA CRIADORA

Sem informação, diante do desconhecido, nossa mente constrói imagens. Necessitamos estar atentos. Um excelente remédio para o medo é a informação e a lógica. Quando nos deparamos com um fato novo e desconhecido, ficamos diante de um quadro em que o medo pode invadir e tornar-se senhor da situação. Diante do novo, devemos evitar pensamentos do tipo: "Será que eu vou conseguir? Será que eu posso? Será que é para mim? Será que eu sou capaz?". Essas dúvidas são venenosas e paralisam-nos.

Todas as vezes que enfrentamos algo novo, encontramos desafios; então, o medo surge para nos proteger. Sem ele, provavelmente o ser humano teria sido banido do planeta. Existe um ditado que diz que o homem muda e cria por amor ou por medo. O medo tem sido força criadora em muitas situações na história da humanidade. Foi o medo que fez com que, em função do caos e das doenças, o homem decidisse inventar uma máquina para substituir o cavalo – o automóvel. Foi o medo da ignorância que criou a escola. O medo de acidentes fez com que os técnicos desenvolvessem sistemas de segurança, aplicados a edifícios, indústrias e veículos.

Você já deve ter experimentado a seguinte situação: vê um acidente muito grave na estrada e, imediatamente, passa a trafegar mais devagar, aumenta o nível de atenção durante algumas dezenas de quilômetros à frente. Ou, precisa ligar para alguém desconhecido, e o telefone, de simples e familiar aparelho, passa a ser bicho do qual queremos distância, como se fosse uma cobra venenosa.

Acho que não é exagero afirmar que a fé é de Deus, e o medo pertence ao demônio.

O medo e o raciocínio lógico

Ninguém está livre de sentir medo. Mesmo os mais valentes heróis vão-lhe confessar que, ao realizar seus grandes feitos, estavam tão assustados quanto eu e você poderíamos estar.

Em uma fase da vida, lidei com plantio de uvas de mesa. Esse tipo de cultura exigia um sistema de irrigação que operava diariamente. Para isso, dispúnhamos de um reservatório de água para alimentar o sistema. Ele tinha o formato cilíndrico de uns dez metros de altura, com uma tampa na parte superior que permitia o acesso a seu interior, para efetuar limpeza, e também à bóia automática, que ligava e desligava a bomba de água.

Muitas vezes, para fazer a manutenção da bóia, Antônio, que cuidava dos trabalhos operacionais da parreira, subia em uma escada estreita. De pé, no topo, abria a tampa e soltava a bóia, para a caixa não extravasar. Em um domingo, a bóia emperrou e a água começou a vazar, mas o Antônio não estava lá. Eu teria de subir e fazer o que ele sempre fez. Nos primeiros degraus, tudo normal, mas, a partir da metade da escada, comecei a sentir que, apesar de aparentemente rígida, a caixa balançava. Continuei, mesmo com certo frio na barriga. Quando cheguei em cima, o balanço era assustador. De duas uma: ou voltava, e as pessoas que me assistiam iriam vaiar, ou seguia em frente, para demonstrar minha valentia.

Nesse momento, lembrei-me de que o medo que me acometia não suporta raciocínio lógico. Então, parei, respirei fundo e avancei. A parte mais difícil estava por vir, pois teria de ficar de pé no topo. Tremendo, fui escorregando até me aproximar da tampa sob a qual estava a bóia. Abri e parei, quase congelado de terror. Inspirando e expirando, fechei os olhos e pensei: "O medo que estou sentindo vem de dentro; ele não suporta a lógica. Por que estou com medo? Porque é alto e estou aqui pela primeira vez".

Após uma pausa, continuei: "Embora possa cair, devo me lembrar de que, até agora, ninguém caiu". Até porque eu só cairia se alguém me empurrasse, pois estava distante pelo menos uns dois metros da borda. Existe, sim, outra maneira de cair, alguém derrubando a caixa, o que é pouco provável. "Estou com medo porque a caixa balança com o vento. É normal, sempre balançou, desde que foi construída, há quase sete anos e nunca caiu".

Com perguntas e respostas desse tipo, meu medo foi-se abrandando. O friozinho na espinha diminuiu, eu abri os olhos, liberei a bóia que estava presa e resolvi o problema. Embora não tivesse se extinguido, o medo estava controlado. Desci lentamente, com a missão cumprida. Todavia, o que aprendi valeu para o resto da vida: o medo pode ser controlado por meio de raciocínio lógico.

O medo de falar em público

Segundo pesquisas realizadas nos Estados Unidos, o pior de todos os medos é o de falar em público.

Logo depois que saí da multinacional onde trabalhei durante anos, fui para uma empresa de vendas e lá me deparei com o desafio de falar em público. Para que pudesse crescer profissionalmente naquela nova empresa, era condição básica dar palestras e seminários. Naquela época, eu já conhecia o conceito do ciclo do sucesso, que estamos abordando neste livro. Assim, estabeleci a meta de falar em público. É importante lembrar que nunca havia experimentado tal atividade, pois, como engenheiro, meu trabalho era projetar, desenvolver novos produtos e (quando muito) fazer pequenas apresentações para poucas pessoas.

Naquela época, meu orientador me deu um texto de uma página e disse que eu deveria falar exatamente o que estava escrito ali. No primeiro momento, fiquei preocupado, pois deveria decorar; mas, depois, entendi que aquele método seria muito bom para mim, pois saberia exatamente o que falar, não teria de improvisar durante a apresentação. A condição era que eu não deveria ler o texto.

Estudei-o por algumas semanas, como parte do plano que estabeleci, porém, quanto mais me preparava, maior era a ansiedade em relação ao dia do grande evento. Estabeleci a meta, bolei um plano de ação; então, veio o entusiasmo pela chance de falar em público. Comecei a anotar os primeiros tópicos, pois tinha dificuldade para decorar o texto, já que, como engenheiro, nunca precisei decorar, sempre utilizava o raciocínio. Comecei a sentir medo de fracassar, de não me sair bem e esquecer tudo no grande dia.

No dia da apresentação, ao me levantar, estava nervoso. O evento teria início às 20 horas. Passei o dia inteiro pensando e temendo o pior, que seria "dar um branco na hora". Cheguei com antecedência ao local do evento e, justamente naquele dia, deveria haver um público de mais de oitenta pessoas, algumas conhecidas, porém, a maioria, eu nunca tinha visto antes. Eu faria a abertura, servindo de mestre de cerimônias para a pessoa que faria a apresentação principal. Pode parecer pouco, mas, para alguém que nunca tinha enfrentado um público maior que meia dúzia de pessoas, aquilo era pior do que pular de pára-quedas de uma altura de 2 mil metros.

Depois de todos sentados, saí do fundo da sala e subi em um tablado. Parado na frente das pessoas, respirei fundo e comecei: "Senhoras e senhores, boa-noite, meu nome é João Festozo. Eu e minha esposa, Gláucia, temos o prazer de recebê-los esta noite. Reconheço algumas pessoas, mas há outras que não conheço" (o texto estava no bolso do meu terno, porém não poderia utilizá-lo). "Gostaria de pedir que aqueles que estão aqui pela primeira vez levantem as mãos" (pessoas erguiam as mãos). "Obrigado, sejam bem-vindos" (aplausos).

Àquela altura, eu estava tremendo até o último músculo do corpo e com a boca seca. Continuei, ou pelo menos tentei: "Quero informar-lhes que nossa empresa é brasileira e distribuidora..." (nesse momento, aconteceu o tão conhecido "branco"). Incrível, mas, por mais que eu tentasse, não lembrava de uma única palavra. Semanas de trabalho foram retiradas da minha memória, como se eu nunca tivesse lido antes. Minhas pernas ficaram bambas, minha coluna gelou, eu "travei"; então, o medo do fracasso invadiu minha mente. No entanto, meu sistema de proteção entrou em ação, e minha reação foi chamar o apresentador que me seguiria: "Senhoras e senhores, para dar continuidade aos trabalhos desta noite, quero convidar o sr. Ivan". Então desci imediatamente, sem esperar a pessoa para apertar-lhe as mãos, como seria de praxe. A reunião continuou e saí da sala me sentindo o mais incompetente dos seres da Terra. Lembro-me, como se fosse agora, de que dizia para mim mesmo: "Nunca mais me pegam, nunca mais vou falar em público". Esse fato ocorreu há mais de 25 anos e continua vivo na minha mente.

Naquele momento, o medo tomou conta de mim, eu não soube controlar meus nervos, a ponto de retomar. Na verdade, havia me preparado mal, pois, em vez de pensar que tudo daria certo, eu construí imagens negativas na mente. Em resumo, considerava-me um fracassado.

Depois daquele susto, passados alguns dias, meu orientador me disse que aquilo era normal e, mais, que os convidados não haviam notado nada, até porque não sabiam o que iria ocorrer. Duas semanas mais tarde, após mais estudo e um bom preparo mental, consegui falar todo o texto. Senti medo mais uma vez, mas, dessa vez, estava mais bem preparado; então, respirei fundo, apertei as mãos, respirei de novo e tudo caminhou melhor. Hoje, passados todos esses anos, ainda sinto medo de falar em público, porém, esse receio passou a ser positivo, pois as pessoas percebem que estou nervoso nos primeiros momentos, e isto me coloca mais próximo delas, me faz ser uma pessoa normal, como todos que estão me ouvindo.

seu supremo ato de amor. Por isso, um a um, ela os empurrou, e eles voaram!.

Em seu livro *Até as águias precisam de um empurrão*, David MacNally mostra que mesmo as águias, com todo o seu poder, força e coragem, precisam de um empurrão para vencer o medo e voar. E quanto a nós, quem e o que nos empurra?

No momento do medo, se esperarmos que alguém nos empurre, talvez nos decepcionemos, não por maldade, mas porque a maioria das pessoas não tem metas. Assim, no momento mais sombrio do medo, precisamos ter a coragem de dar o passo adiante; avançar, apesar do medo.

Olhe para si mesmo no espelho e diga: "Eu posso", e avance. Algumas pessoas certamente vão apoiá-lo nessa busca, porém, quem deverá dar a grande impulsão é você mesmo, em busca de suas metas. Você pode! Por isso, siga em frente.

Para finalizar este capítulo, apresento-lhes esta fábula:

Um camundongo vivia angustiado com medo do gato.

Um mágico, com pena, transformou-o em gato. Mas ele ficou com medo do cão.

Por isso, o mágico transformou-o em pantera. Ele começou a temer os caçadores.

A essa altura, o mágico desistiu. Transformou-o em camundongo novamente e disse:

— Nada que eu faça vai ajudá-lo, pois você tem apenas a coragem de camundongo.

Capítulo VII

A persistência

O caminho em direção à meta prossegue. Passamos por etapas difíceis e sombrias, tivemos problemas e os encaramos; sentimos medo de não conseguir, porém, não desistimos, como muitos que encontramos pelo caminho. Demos um passo à frente e continuamos avançando com muita coragem. Nesse momento, estamos muito cansados, porém, apesar de não poder vê-la, a lembrança da nossa meta permanece à nossa espera no topo da montanha. O caminho, que era estreito, transforma-se em uma picada, quase inexistente. O que antes era um caminho inclinado agora passa a ser quase uma escalada, necessitando-se utilizar o apoio das mãos para poder subi-lo. O que antes era uma brisa, agora é um vento mais forte, e a altitude, cada vez maior.

Apesar das dificuldades impostas pela trilha e das condições do clima, pode-se notar que as nuvens que empalidecem o brilho da meta não são tão densas como antes. Estamos na próxima etapa do nosso ciclo: *persistência*.

Essa etapa é uma continuidade da anterior, a do medo, ou seja, continuar caminhando sem parar. Se o passo dado não for suficiente, caminhe mais um, e assim por diante. Nesse momento, sempre surge a pergunta: "Até quando ou quanto mais devo persistir?". A resposta é uma só, sem nenhuma possibilidade de escolha: *Persistir até atingir o sucesso.*

Em seu famoso *best-seller*, *O maior vendedor do mundo*, cuja leitura recomendo por sua simplicidade e força inspiradora, Og Mandino oferece-nos uma mensagem marcante sobre persistência:

> Os prêmios da vida estão no fim de cada jornada, não próximos ao começo. Não me é dado saber quantos passos são necessários para alcançar o objetivo. O fracasso pode ainda se encontrar no milésimo passo, mas o sucesso se esconde atrás da próxima curva da estrada. Jamais saberei a que distância está, a não ser que dobre a curva.
>
> Sempre darei um passo avante. Se este não resultar em nada, darei outro e mais outro. Em verdade, dar um passo de cada vez não é difícil.

Nesse momento, relembro uma idéia que certa vez ouvi de um colega consultor, no desenvolvimento de um programa de treinamento, que já nos desafiava por um longo período. Ele me disse: "João, imagine que eu lhe dê agora um boi. Você terá de comer toda a carne, até por educação, afinal, foi um presente. Se resolver comê-lo de uma só vez, certamente terá uma grande indigestão, vai ter de ser internado e, com certeza, não poderá ver carne bovina por um bom tempo. Assim, a proposta é cortar o boi em partes e 'comer o boi por bifes'. Dessa maneira, além de comê-lo inteiro, você vai deliciar-se com cada pedaço. Muitas pessoas até persistem, porém esquecem deste princípio simples, fazer uma coisa de cada vez, ou, 'comer o boi por bifes'. Quando tentam fazer muitas coisas ao mesmo tempo, não fazem nenhuma completamente e da maneira certa, confundem-se e, por vezes, desistem por sentirem-se incapazes".

A história de Thomas Edison

Ao homem conhecido por ter inventado a lâmpada são, na verdade, atribuídas mais de 1,3 mil patentes, diferentes invenções nas mais diversas áreas. Entre as suas contribuições, estão a lâmpada elétrica incandescente, o gramofone, o cinetoscópio, o ditafone e o microfone de grânulos de carvão para o telefone. Edison é um dos precursores da tecnologia do século XX. Muitos o consideram o maior inventor de todos os tempos e teve seu QI estimado em cerca de 240. É importante citar que Thomas Alva Edison foi educado em casa, pela mãe, professora, pois aos sete anos havia sido expulso da escola por ter sido considerado retardado mental. Várias vezes, ele atribuiu seu gênio a muito trabalho e persistência. Em uma de suas mais famosas frases, ele disse: *O gênio é 1% de inspiração e 99% de trabalho*. Em outra ocasião, afirmou: *Muitas oportunidades são perdidas porque as pessoas não percebem quão próximas estão do sucesso quando desistem.*

Persistência ou insistência? Eis a questão...

Muitas pessoas confundem persistência com insistência. No dicionário, a primeira significa constância, firmeza, perseverança. A segunda se refere à contumácia e teimosia. O persistente é aquele que, ao encontrar resistência, não desiste; porém, para retornar àquilo que era o seu objetivo, o faz de maneira diferente, inteligente e criativa. Procura novas abordagens e novos caminhos, diferentes daquele adotado inicialmente. Se o parafuso não quer soltar do seu alojamento, não adiantará bater, pois assim danificará a cabeça, ou usar de força bruta para remover, isso é insistência. Talvez a melhor solução seja utilizar um óleo desengripante ou mesmo um pouco de calor. Isso é persistência.

Ao abordar uma pessoa para propor um novo projeto, se a reação não for a esperada, mostrar ou falar da mesma maneira insistente sobre o assunto não irá resolver. Por que não mostrar a idéia com persistência, por outro prisma, vislumbrando novos benefícios à pessoa interessada? O insistente é aquele vendedor chato, que fica falando a mesma coisa e do qual muitas vezes compramos apenas para nos livrar dele. O persistente é aquele que não desiste, porém, ao retornar ao assunto, o faz de maneira totalmente diferente da vez anterior, deixando a outra pessoa interessada em ouvi-lo. Entender esta diferença é importante na busca de nossas metas. O insistente cansa os outros e a si próprio e, normalmente, desiste do desafio. O persistente é inovador. Ele, ao contrário de se cansar, surpreende os outros e a si mesmo com idéias novas, mantendo-se sempre motivado.

As rãs e o latão de leite

Mais uma vez, a natureza nos traz exemplos de persistência.

Duas rãs resolveram sair da lagoa para fazer uma exploração pela vizinhança. Avistaram uma construção próxima e resolveram fazer uma visita ao local. Ali, no estábulo, era o local da ordenha das vacas. Chegaram ao local e depois viram um grande latão. Curiosas e influenciadas pelo odor diferente, procuraram um lugar de onde pudessem olhar o que havia dentro do recipiente. Ficaram encantadas com o brilho e a cor daquele líquido, diferente da água da lagoa em que costumavam nadar. Resolveram experimentar e pularam no recipiente. A sensação foi prazerosa, o líquido estava morno e diferente daquele conhecido. Ao mergulhar não era possível ver nada na frente. Brincaram a valer, até se cansar.

Quando decidiram voltar para casa, tentaram saltar, mas, ao tentar, escorregavam na parede, pois havia gordura aderida. Elas não sabiam, mas o líquido era leite. Continuaram tentando, mas, quanto mais se debatiam e tentavam sair, mais escorregadia ficava a parede do latão, tornando impossível prender-se e atingir a borda. Lutaram de todas as formas, mas o cansaço começou a tomar conta de suas pernas e braços. Uma delas notou que já estava em seu limite, insistiu de todas as formas, mas desistiu, foi perdendo os sentidos e morreu.

Enquanto isso, sua companheira persistia, mas, ao notar que a outra boiava inerte, veio o desânimo; quando estava quase entregue, parou e pensou na lagoa, nas aventuras pelas águas frescas. Se desistisse naquele momento, certamente nunca mais poderia admirar as noites de lua cheia e aquela luz azul que refletia nas águas tranqüilas da lagoa. Pensou na família que havia deixado para trás e tudo mais que perderia. Só de pensar nessas coisas, parece que ganhou energia nova. Resolveu persistir um pouco mais. Saltava na parede, nadava de um lado para outro para ganhar impulso, mas notava que era inútil.

De tanto se debater, percebeu que o líquido parecia estar diferente. O que ela não sabia era que, quando batido, o leite transforma-se em nata. Ela se debatia mais e o líquido ficava mais grosso; estava se formando manteiga. Ela persistia mais, até que, sob suas pernas, formou-se uma bolota de manteiga onde ela pôde apoiar-se, dar um impulso e alcançar a borda do latão de leite. Parou, olhou para baixo e pensou: "Minha colega poderia ter persistido um pouco mais". Saltou e foi em direção à lagoa, onde pode desfrutar de mais uma noite de luar.

A diferença entre as duas rãs era que uma tinha metas e a outra não. Por isso, ela persistiu um pouco mais. São muitas as historias de persistência que a vida nos apresenta. Todas estão ligadas às vidas de pessoas bem-sucedidas, pois essas, com certeza, tinham uma razão para continuar persistindo.

Sempre que posso, leio biografias de personalidades de sucesso. Sem exceção, todas passaram por momentos difíceis, tiveram de persistir para chegar ao sucesso. Parece haver um padrão em todas as historias: o êxito só vem depois de um grande teste, que requer uma grande dose de persistência.

Faça uma análise de sua história e certamente vai encontrar esse padrão na sua vida. Tudo o que conquistamos sempre requer um esforço extra, proporcional ao tamanho da conquista. A intensidade da persistência é sempre proporcional ao esforço e ao resultado.

Uma pesquisa sobre a persistência em vendas, realizada nos Estados Unidos e apresentada no livro de Brian Tracy *Advanced Sales Strategies* mostra o seguinte: 50% das vendas terminam e o vendedor não firma o compromisso; 90% das vendas só ocorrem depois da 5ª tentativa de se firmar o compromisso;

vendedores desistem depois da 1ª vez; menos de 10% persistem; apenas 10% dos vendedores abrem 80% dos pedidos e ganham 80% das comissões pagas no mercado.

Capítulo VIII
A fé

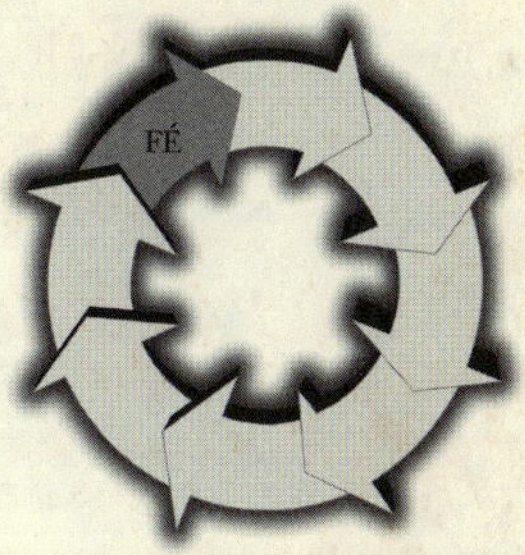

O caminho em direção à meta prossegue, cada vez mais desafiante e difícil. Os problemas se apresentam e os enfrentamos; sentimos medo de não conseguir, porém, persistimos, apesar das dificuldades que aparecem a todo o momento. O caminho, que era tortuoso, torna-se cada vez mais complicado. Um obstáculo nos faz tropeçar e cair, abrindo um corte na perna, que passa a sangrar. O cansaço toma conta de nosso corpo. As nuvens, que pareciam se abrir, ao contrário, se fecham. O céu fica escuro, e um vento forte surge inesperadamente. As dificuldades parecem aumentar, e aquela imagem nítida de nossa meta fica cada vez mais fraca. Parece que tudo vai desmoronar sobre nossa cabeça. O corpo está fraco e a mente também parece falhar. O vento chega a uivar e a visão se perde, o caminho desaparece. Para continuar o caminho, temos de tatear. A meta quase desaparece de nossa mente. Nesse momento, vamos ter de buscar forças em nossa alma. Estamos entrando na próxima etapa do ciclo: *fé*.

Aquela força interna chamada fé é a única coisa de que dispomos agora. Quando tudo parece perdido e a única solução parece ser a desistência, devemos lançar mão de algo maior, mais forte, pois, sozinhos, não vamos conseguir. A fé aparece nos textos bíblicos diversas vezes.

Nesse momento, pedimos apoio ao Espírito Santo, rogando-lhe iluminação, energia e – o mais importante –, a crença de que aquela meta que estabelecemos é realmente a adequada para nós. No Evangelho, Jesus diz: *O que pedires em meu nome será dado* (Jo 16,23). Nessa mesma fé, Jesus, usando da parábola em Mateus, diz: *Pois em verdade vos digo que, se tiverdes fé do tamanho de um grão de mostarda, direis a este monte: "Passa daqui para acolá, e ele passará. Nada vos será impossível"* (Mt 17,20). Depois, em Lucas, novamente: *Respondeu-lhe o Senhor: "Se tiverdes fé do tamanho de um grão de mostarda, direis a esta amoreira: arranca-te e transplanta-te no mar; e ela vos obedecerá"* (Lc 17,6).

Não necessitamos de fé maior que aquela do tamanho de um grão de mostarda. A fé é o oposto do medo; a mesma que levou muitos a conquistar tanto.

A fé levou o homem a pisar na lua. A fé fez José de Anchieta acreditar que em terras brasileiras sua tuberculose seria curada, e o levou a amar e se estabelecer aqui para catequizar nossos índios. A fé nos faz acreditar que é possível, apesar de, no momento, tudo parecer perdido.

Ter fé significa acreditar em algo que ainda não existe ou se realizou. A maioria das pessoas quer ver para crer, porém, no momento limite de atingir a meta, é preciso crer para poder ver.

O vôo da abelha

Na natureza, encontramos inúmeros exemplos de histórias de fé. Apesar de a abelha ser um inseto aparentemente irracional, em sua atitude, encontramos um exemplo de fé para nossas vidas.

Segundo as mais recentes teorias da aerodinâmica (e isto pode ser demonstrado experimentalmente), a abelha não poderia voar.

A relação entre tamanho, peso e forma de seu corpo, de um lado, e a extensão de suas asas, por outro, tornariam o vôo impossível.

Mas, como elas desconhecem essas verdades científicas, lançam-se audaciosamente no espaço... e voam. Outro inseto, o besouro, também não poderia voar, por possuir as mesmas características. Entretanto, a abelha faz mais, e, depois de todo esforço, ainda produz um pouco de mel, todos os dias.

Apesar das dificuldades, se quisermos atingir nossas metas e com ajuda da fé, também podemos fabricar, para nós e para os outros, um pouquinho de mel todos os dias.

Um baú repleto de fé

Em uma viagem aos Estados Unidos, minha esposa e eu fizemos um passeio à região das ricas mansões, na região das marinas. O guia, então, descrevia as propriedades e quem eram os donos. Ao passar por uma delas, disse: "Essa é a casa do maior vendedor do mundo, Sílvio Santos".

Fiquei surpreso com o fato de que, no país dos milionários, ele fosse qualificado daquela maneira. O dono do Baú da Felicidade tem sido citado como exemplo de sucesso, mas vale lembrar que ele nem sempre foi rico e bem-sucedido.

Como toda história de sucesso, ele também teve de começar. Em um episódio de sua biografia, está o fato de que, para se obter sucesso, é necessário muita fé. Para construir o fenômeno chamado Baú da Felicidade, Sílvio teve de acreditar e depositar muita fé em algo que aparentemente não era possível.

No livro *A fantástica história de Silvio Santos*, de Arlindo Silva (Editora Brasil), ele mesmo conta como tudo aconteceu.

> Em 1958, Silvio Santos recebeu de Manoel da Nóbrega, famoso locutor da Rádio Nacional e grande amigo, a incumbência de administrar um negócio em sérias dificuldades acarretadas pela má-fé de um sócio alemão. Manoel da Nóbrega solicitou que Silvio Santos intercedesse perante os clientes lesados, garantindo que todos seriam ressarcidos de seus prejuízos com o Baú da Felicidade. À época, esse se tratava de um baú de brinquedos em que os clientes pagavam parcelas antecipadas e recebiam o produto por ocasião do Natal.
>
> Em vez de encerrar as atividades, Silvio Santos faz uma sociedade com Manoel da Nóbrega e reformula sua gestão. Então, cheio de fé, ele investe e encomenda 40 mil bonecas da Estrela e 20 mil jogos de jantar da Nadir Figueiredo, acreditando no Baú. Nas palavras do próprio Silvio: "Fechei negócio com a Estrela e com a Nadir e, no meio do ano, estava quase às portas da falência. Então pedi um acordo com as empresas e concluí que teria de acreditar e vender as 40 mil bonecas. Reuni minha turma e começamos a fazer shows em praça pública. A pessoa comprava um carnê do Baú numerado e concorria no mesmo local a prêmios. Naquele ano, consegui, fazendo quase um show diário, em cada praça, promover o Baú e vender carnês. No final de 1961, havia

vendido 40 mil bonecas da Estrela e saíra da lama. Paguei todo mundo. O Baú ficara conhecido em todos os bairros, até porque fazíamos um show por dia. Daquela salinha na rua Xavier de Toledo, tornou-se a potência que é hoje.

O ciclo aparece de modo completo na história do Baú, muito entusiasmo, trabalho incansável, problemas, medo da falência; entretanto, apesar de todo o quadro adverso, Silvio Santos persistiu, encheu-se de fé e acreditou que iria atingir sua meta: as 40 mil bonecas vendidas e o sucesso chamado Baú da Felicidade.

A história do Baú, como muitas outras, não é mera coincidência, mas uma seqüência conhecida de fatos, todos descritos no ciclo do sucesso.

O MOMENTO DECISIVO

Assim como para Silvio Santos e tantas outras pessoas de sucesso, esse momento é decisivo para quem deseja atingir suas metas. Sempre surgirá a dúvida: "Quanta fé necessito ter? Quanto devo persistir para atingir o que desejo?". A resposta sempre será: "Enquanto não atingir a meta, não devemos parar de ter fé".

Nesse momento, na subida da montanha, as nuvens começam a desanuviar, a neblina já não é tão densa, o azul do céu aparece em meio à fina névoa, o topo da montanha pode ser vislumbrado. A nossa meta está lá, no ápice da montanha. Caminhamos um pouco mais e chegamos a um patamar junto de nossa tão desejada meta.

A sensação de vitória é indescritível; respiramos fundo, o ar é leve e flui pelos pulmões como se fosse um alimento. Chegamos ao topo e nos sentimos os maiorais. Acreditamos, persistimos, demonstramos fé. Lá em cima, no topo da montanha, a visão é clara e límpida. Podemos vislumbrar o vale embaixo, mas, principalmente, conseguimos ver parte do caminho que percorremos para chegar ao topo e atingir nossa meta. Nesse momento, relembramos todos os momentos vividos, as dificuldades, as barreiras, a neblina que bloqueava a visão, o caminho estreito que parecia intransponível. Os tombos e as muitas vezes que nos levantamos e continuamos, apesar das dificuldades. Agora que atingimos nossa meta, podemos afirmar que valeu a pena continuar.

Capítulo IX

O ciclo se completa

Este ciclo sempre se repetirá todas as vezes que estivermos em busca de nossas metas. A cada uma, pequena ou grande, sempre passaremos por esse ciclo. Estabelecemos a meta, vamos preparar um plano. De posse dele, surgirá o entusiasmo, que será o combustível para iniciar o trabalho pela frente. Na etapa da execução do trabalho, com base no plano, surgirão os problemas; então, seremos acometidos pelo medo de não conseguir a tão desejada meta. Para vencer essa etapa, teremos de persistir com muita fé. Se o fizermos na dose certa, atingiremos a meta, e o ciclo se fechará mais uma vez. Assim será a cada novo objetivo.

A zona nebulosa

Nosso ciclo tem duas áreas bem definidas: a primeira, motivante, tem início no momento em que sonhamos e estabelecemos a nossa meta e se estende até iniciarmos o trabalho. Até aqui, tudo transcorre naturalmente; então, deparamos-nos com as primeiras dificuldades, que certamente vão aparecer.

No momento em que surgem os problemas, o ciclo fica nebuloso. Nas etapas seguintes – problema, medo e persistência –, teremos de ser fortes, firmes e resistentes. A visão da meta fica comprometida, o que vai exigir que sempre façamos uma revisão da meta, ou seja, parar, relembrar, reler o que escrevemos e reafirmar tudo aquilo que foi estabelecido no início, quando estabelecemos nosso objetivo.

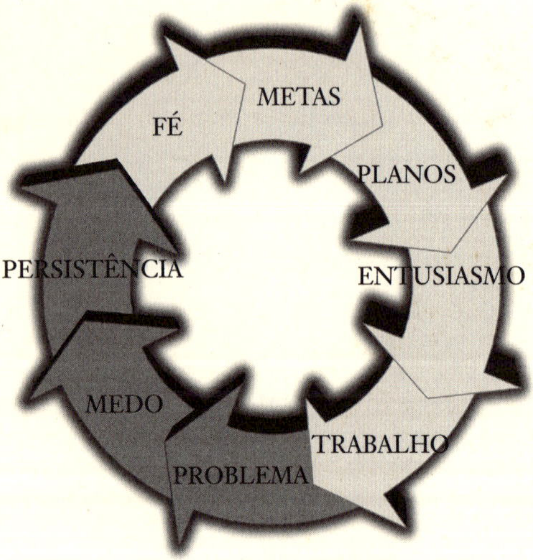

Essas três fases do ciclo explicam-nos por que pessoas atingem suas metas e outras não. Muitas chegam até a iniciar o trabalho com base no plano estabelecido, porém uma quantidade bem menor segue adiante. A maioria tropeça nos problemas, medo e persistência, ou seja, perece na zona nebulosa do ciclo.

Todos nós podemos ter exemplos disso em nossas vidas. Quantos de nós iniciamos o aprendizado de um instrumento musical. Estabelecemos a meta de tocar violão, piano, saxofone etc. Inicialmente, compramos o instrumento, montando um plano para iniciar os estudos. De posse da meta e do plano, nós nos enchemos de entusiasmo e vamos assistir às primeiras aulas. Trabalhamos as lições passadas pelo professor e tudo parece ir muito bem. A meta de tocar o instrumento é impulsionada por nosso entusiasmo. Logo começam a surgir as dificuldades, conforme surgem os novos desafios. Se for violão, começamos a sentir os dedos doloridos, às vezes chegando a ter feridas. Notamos que não somos tão hábeis como aquele amigo que tocava com tanta facilidade.

Estamos entrando na fase do problema. Imediatamente, com o surgimento das dificuldades, representadas pelos dedos doloridos e a falta de habilidade para tocar a música desejada, surge o medo de não conseguir e, com ele, o primeiro desânimo. Estamos entrando na fase nebulosa do ciclo: vamos ter de persistir, vencer o desânimo, ter muita fé para conseguir tocar a primeira música.

Muitos persistem um pouco mais, mantendo o objetivo de tocar violão. A maioria desiste, encostando o instrumento. Foi vencida por um daqueles elementos que citamos na zona nebulosa: problema, medo ou falta de persistência. Esse exemplo vale para tudo o que desejarmos na vida. Da mesma maneira que alguns desistem, outros persistem e, com muita fé, tornam-se excelentes instrumentistas.

Sempre que tenho oportunidade de ministrar uma palestra para um grupo de pessoas, faço uma pequena enquete, em que pergunto: “Qual dos presentes começou a aprender uma língua estrangeira ou tocar um instrumento?”. Muitos levantam as mãos, demonstrando terem iniciado o processo de aprendizado. Nesse momento, peço que as pessoas olhem em volta para contar quantas mãos estão erguidas, e normalmente são muitas, o que reafirma que, um dia, muitas pessoas estabeleceram a meta de aprender a tocar um instrumento ou falar uma língua estrangeira. A seguir, faço uma nova pergunta: "Quem toca o instrumento ou fala o idioma?". Muitas mãos são abaixadas, restando muito menos da metade inicial. Para concluir, faço a última pergunta: "Quem daqui toca o instrumento como um verdadeiro profissional ou quem fala o idioma fluentemente, podendo trabalhar como um tradutor ou intérprete?". Na maioria das vezes, não sobra uma única mão erguida. Isto prova que, em sua maioria, o ser humano se perde na zona nebulosa do ciclo, desistindo de muitas da metas que estabelecem.

Se analisarmos nossa vida, no fundo, todas as conquistas foram obtidas passando pelo ciclo. Se passarmos por ele e soubermos enfrentar a zona nebulosa, ou melhor, se tivermos consciência de que sempre será assim, poderemos atingir muitas, senão todas as nossas metas.

O ciclo virtuoso

Na maioria das vezes, toda pessoa de sucesso teve de passar por esse ciclo. A cada nova meta atingida, certamente o ciclo foi vivido por completo. Assim, se quisermos ter sucesso, teremos de aprender a passar por ele muitas vezes. O melhor de tudo é que agora sabemos que, quanto maior for o número de vezes que o atravessamos, mais bem-sucedidos seremos.

As pessoas que conseguem mais da vida passaram pelo ciclo muitas vezes e aprenderam o segredo de estar preparadas para enfrentar a zona nebulosa com firmeza e resistência. Dessa maneira, todos nós também podemos conseguir tudo o que desejamos, treinando para passar pela zona clara, mas sabendo que sempre haverá a zona nebulosa.

Na zona clara será mais simples, porém, é preciso saber que, na passagem pela zona nebulosa, seremos testados e selecionados. Se aprendermos a atravessar essa zona, conseguiremos tudo o que desejarmos da vida.

Dessa maneira, nosso ciclo se torna uma verdadeira jóia nas mãos daqueles que conhecem o segredo. É como estar de posse de uma ferramenta que agora sabemos manejar adequadamente. Na fase clara, devemos nos planejar, nos encher de entusiasmo, trabalhar sempre com a visão clara da meta e depois preparar nosso espírito para adentrar na fase nebulosa, em que teremos de nos vacinar contra o medo e persistir, cheios de fé. Sabendo usar a ferramenta, atingiremos todas as metas.

O ingrediente vital

Conhecemos a ferramenta para atingir metas e sabemos como utilizá-la, porém, existe um componente deste ciclo que o faz girar sem tropeços. Sabemos que, se o atravessarmos várias vezes, nos tornaremos aquela pessoa de sucesso que sempre almejamos. Essa ferramenta tem um lubrificante que torna seu funcionamento mais eficiente e garante melhores resultados. Este ingrediente chama-se *amor.*

Se, ao trafegarmos pelo ciclo, vencermos cada uma de suas etapas com *amor*, elas passarão com muita facilidade. Se, no momento em que estivermos passando pela zona clara, colocarmos amor, será mais fácil de planejar, o entusiasmo será mais forte e trabalhar será mais prazeroso. Se, no momento crítico da zona nebulosa, fizermos com amor, o medo será menor, teremos mais força para persistir e nossa fé será grandiosa.

O *amor* será o lubrificante que fará o ciclo girar mais rápido. Com ele, passaremos com muito mais facilidade e a jornada na busca de nossas metas será gratificante.

O menino e o trapézio

Como a maioria dos meninos, João adorava o circo, mas, principalmente, o show do trapézio. Certa vez, o circo chegou próximo de sua casa, para ficar por um bom período. Com as reservas que havia guardado de sua mesada, ele foi assistir à grande matinê de sábado à tarde. Ele adorou as apresentações dos animais, dos palhaços, mas, para ele, o espetáculo dos trapezistas foi o grande momento. Naquele instante, seu grande sonho tomou forma – ser um artista do trapézio. Ele voltou outra vez para assistir ao show, com o ingresso ganho de sua mãe, porém ele sabia que o dinheiro para esse ingresso seria o último. Então, resolveu procurar uma maneira de assistir ao show gratuitamente. O modo que encontrou foi trabalhar no circo, como faxineiro. Ele limpava as arquibancadas e o picadeiro ao final dos espetáculos, o que lhe dava a chance de assistir aos shows. O menino sonhava com a chance de ser um daqueles acrobatas do trapézio. Esta era a sua grande meta. Certo dia, após o espetáculo, ele varria o picadeiro quando o mestre do trapézio passou ao seu lado e deixou cair o molho de chaves, sem perceber. O menino, então, pegou as chaves e fez sinal para o mestre, que se virou e veio em sua direção para responder ao chamado do menino. Enquanto caminhava para buscar as chaves, o menino encheu-se de forças para vencer a timidez e falar com o grande mestre do trapézio, que, para ele, era um ídolo inatingível. Quando se aproximou, o menino percebeu que essa seria a sua grande chance. Então, disse ao mestre:

— Posso lhe falar uma coisa?

O mestre disse:

— Claro, menino, pode dizer.

— Sabe, o meu grande sonho é um dia ser um artista do trapézio, como o senhor.

O brilho dos olhos do menino e a energia que veio de sua voz deve ter sido tão grande que o mestre resolveu ouvi-lo um pouco mais.

— Realmente você quer ser um trapezista?

— Quero sim – disse o garoto.

— Pois muito bem, esteja aqui amanhã bem cedo, que vamos ver se você tem condições para ser um de nós.

O mestre virou as costas e saiu. O menino perdeu a fala, ficou sem reação, pois aquilo era tudo o que ele sempre imaginou em seus sonhos mais loucos: ser trapezista.

A grande meta começava a tomar forma; como diz o ditado: “Quando um homem tem metas, o universo conspira a seu favor”. Naquele momento, a natureza conspirou a favor dele, deixando o chaveiro cair ao chão e o mestre ouvindo o pedido do menino.

João começou a fazer planos de como seria o treinamento e o quanto ele se esforçaria para que a meta se realizasse. Ele sabia que teria de enfrentar muitas barreiras, das quais a primeira seria a sua família, pois sua mãe era contra ele estar trabalhando no circo.

No dia seguinte, antes da hora marcada, Joãozinho aguardava o mestre no local combinado. Após o início dos testes, ele percebeu que o menino tinha grandes chances, graças, principalmente, a seu enorme entusiasmo.

O tempo passou rápido, e Joãozinho mostrava seu talento para o trapézio. Sua força de trabalho, dedicação e atitude convenceram o mestre de que ele tinha um futuro promissor.

No tempo de treinamento, sua família percebeu que não poderia cercear o grande talento do garoto e passou a apoiá-lo. Muitas foram as barreiras, dificuldades, contusões que ele teve de superar. Sua persistência e fé eram maiores que qualquer coisa, pois ele tinha uma visão clara de sua meta: ser um astro do trapézio, o melhor.

O garoto aprendiz sempre treinava além do requerido pelo mestre. Certo dia, durante um dos intensivos treinamentos, o mestre o chamou e comunicou que, no sábado seguinte, seria a sua apresentação ao grande público e daquela vez no papel de astro principal, já que até ali ele apenas trabalhara como apoio. Sentindo aquele frio na barriga, tentou pedir mais tempo para o mestre; no entanto, este se fez de desentendido e o deixou no meio da conversa.

Nos dias que antecederam à apresentação, o menino quase não dormiu, e o medo foi seu grande parceiro. Ele continuou treinando cada vez mais. A cada calafrio que sentia, ia para as barras do trapézio e treinava. Várias vezes, pensou em conversar com o mestre e pedir um tempo maior, porém, resistiu e continuou se preparando.

Nos momentos em que o medo e o desânimo tomavam conta dele, Joãozinho pegava o pequeno cartão em que estava escrito sua meta e relia: "Ser um astro do trapézio – o melhor"; então, seu entusiasmo se renovava.

No grande dia, o circo estava repleto. Nas arquibancadas, não havia mais lugares vagos. Ele esperava sua hora olhando o picadeiro por uma fresta na cortina. Estava pronto, com o traje de gala preparado especialmente para ele. O tecido branco tinha o brilho necessário para iluminá-lo quando estivesse sob as luzes dos holofotes.

O público aplaudia os shows dos domadores das feras. Os palhaços, as bailarinas, os acrobatas, todos pareciam demorar mais para fazer suas apresentações. De repente, sentiu um toque no ombro; era o mestre, comunicando que havia chegado o grande momento pelo qual esperara tanto tempo.

Caminhou junto com o grupo de trapezistas para o centro do picadeiro. Sob a luz dos refletores e os aplausos do público, o grupo iniciou a subida para o trapézio. Junto dele, apenas o mestre na posição mais importante. Naquele momento, os refletores focaram nele, tambores e caixas repicaram e o apresentador anunciou:

— Respeitável público, o grande circo tem o orgulho de apresentar o maior espetáculo da terra, o show do trapézio.

O silêncio tomou conta do circo. Ofuscado pelas luzes dos holofotes, o menino apenas conseguia ver sombras nas arquibancadas.

O mestre pegou a barra e a lançou. Ele sabia que, no momento que retornasse, deverá agarrá-la e lançar-se para executar a acrobacia que treinou por incontáveis vezes. Após a barra ser lançada da mão do mestre, ele sentiu aquele frio, não mais na barriga, mas sim na espinha. Suas mãos suavam, suas pernas tremiam e pareciam desconectadas.

Ele sentiu medo, mas, diferente das outras vezes, esse sentimento era muito maior, era pânico. A chegada da barra nas mãos do mestre aumentou a tensão. Ele tentou fugir da situação e passou as mãos no pano com breu, para aumentar a "pega". Nesse momento, os pensamentos ficaram turvos. Tudo parecia fracassar, o medo o paralisou, seu corpo todo estava formigando. A única reação foi virar-se para o mestre e dizer:

— Deixe para outra ocasião, pois não vou conseguir.

O mestre se manteve imóvel, como se não o tivesse escutado. Ele insistiu:

— Não sou capaz hoje, deixe para a próxima vez.

Então o mestre virou-se para ele, olhou bem nos olhos e disse:

— Jogue seu coração com todo amor na barra, que seu corpo o acompanhará.

Então, ele segurou a barra e lançou-se no espaço, realizando a acrobacia de maneira magistral, sob a ovação do grande público. Ele estava atingindo sua tão almejada meta: ser um ás do trapézio.

Eu o convido a caminhar pelo ciclo do sucesso, seguindo cada uma das etapas descritas neste livro e, ao final, jogar seu coração em suas metas com todo amor. Com certeza, todas serão atingidas.

Se Deus quer, não há quem não queira. (Ayrton Senna)

O livro que você acabou de ler foi uma meta estabelecida há alguns anos. Para completá-lo e chegar até este ponto, tive de atravessar muitas vezes este ciclo.

Você também pode, se acreditar...

Conheça outros títulos da Academia de Inteligência

Filhos brilhantes, alunos fascinantes

Cada capítulo deste livro apresenta histórias de jovens e adultos portadores de conflitos, que foram feridos pela vida, rejeitados socialmente, desacreditados, mas que conseguiram encontrar força na fragilidade e dignidade na dor.

Você vai perceber que os filhos brilhantes e os alunos fascinantes não são sempre os bem comportados, os que não falham, não choram ou não tropeçam. Brilhantes e fascinantes são aqueles que aprendem a desenvolver consciência crítica, decidir seus caminhos, trabalhar seus erros, construir tolerância.

Bons filhos se preparam para o sucesso, filhos brilhantes se preparam para enfrentar derrotas e frustrações. Bons alunos se preparam para receber um diploma, alunos fascinantes se preparam para a vida.

12 Semanas para mudar uma vida

12 Semanas para mudar uma vida é muito mais que um livro. É um Programa de Qualidade de Vida. Este livro traz um programa que apresenta ferramentas psicológicas que contribuem para educar a emoção, vencer o estresse e prevenir a ansiedade e outros transtornos psíquicos. São 12 leis da Psicologia trabalhadas com simplicidade para que possam ser amplamente aplicadas na vida diária, transformando o conhecimento em experiência; é uma prática existencial para ser exercitada por todos aqueles que querem conhecer o seu próprio ser e dar um salto na qualidade de vida.

Superando o cárcere da emoção

É um livro apaixonante, esclarecedor, cujo objetivo é mostrar que a pior prisão é a que aprisiona a nossa emoção e nos impede de sermos livres e felizes. Quem é prisioneiro no âmago da sua alma, além de perder a liberdade de pensar, faz da sua vida um atoleiro de tédio e angústia. Superando o cárcere da emoção interessa aos que desejam compreender com profundidade o cárcere das drogas, as doenças psíquicas, os segredos do funcionamento da mente humana, e aos que almejam maior qualidade de vida e ser livres dentro de si mesmos.

Treinando a emoção para ser feliz

Nunca tivemos uma indústria de lazer tão grande e diversificada, mas o homem nunca foi tão triste e sujeito a tantas doenças psíquicas. Nada é tão belo e complexo quanto a emoção. Ela é capaz de tornar ricos em miseráveis e miseráveis em ricos. Não é simples navegar nas águas da emoção, mas você pode treinar a sua emoção para ser feliz e tranqüilo, para gerenciar os pensamentos, superar a ansiedade e descobrir coragem na dor, força na fragilidade, lições nos fracassos. Felicidade não é um dom, é um treinamento.

A Editora Academia de Inteligência,
agora associada à Editora Planeta do Brasil,
agradece muito especialmente a você que,
como poeta da vida, tem difundido nossos
livros aos amigos, parentes, na sua empresa.
Receberemos com muito prazer toda e
qualquer mensagem, comentário, opinião,
que julgue oportunos.
Teremos o nosso sonho realizado
se soubermos que sua vida ganhou um novo
significado a partir da leitura deste livro.

Este livro foi composto
em Janson Text para Editora
Academia de Inteligência, em abril de 2007